世界国防科技年度发展报告（2018）

陆战领域科技发展报告

LU ZHAN LING YU KE JI FA ZHAN BAO GAO

中国兵器工业集团第二一〇研究所

国防工業出版社

·北京·

图书在版编目（CIP）数据

陆战领域科技发展报告/中国兵器工业集团第二一〇研究所编．—北京：国防工业出版社，2019．4
（世界国防科技年度发展报告．2018）
ISBN 978-7-118-11900-8

Ⅰ．①陆…　Ⅱ．①中…　Ⅲ．①陆地战争—科技发展—研究报告—世界—2018　Ⅳ．①E151

中国版本图书馆 CIP 数据核字（2019）第 127420 号

陆战领域科技发展报告

编　　者　中国兵器工业集团第二一〇研究所
责任编辑　汪淳　郝刚
出版发行　国防工业出版社
地　　址　北京市海淀区紫竹院南路 23 号　100048
印　　刷　天津嘉恒印务有限公司
开　　本　710×1000　1/16
印　　张　15¼
字　　数　177 千字
版 印 次　2019 年 4 月第 1 版第 1 次印刷
定　　价　92.00 元

#《世界国防科技年度发展报告》
(2018)
编 委 会

《陆战领域科技发展报告》

编辑部

主　　编　沈　卫

副 主 编　陈永新　王　磊

编　　辑（按姓氏笔画排序）

王　磊　朱　丹　刘　婧　李　静

李雅琼　武　堃

《陆战领域科技发展报告》

审稿人员（按姓氏笔画排序）

李　强　王树魁　郑　斌　高　原

撰稿人员（按姓氏笔画排序）

于　洋　王昌强　王　侠　王　勇
王　磊　王建波　王桂芝　冯向京
乔　桢　任　杨　全寿文　刘　婧
李雅琼　李福鑫　宋　乐　范夕萍
胡阳旭　贾喜花　黄琼芳　曾　望
滕　珺

编写说明

科学技术是军事发展中最活跃、最具革命性的因素，每一次重大科技进步和创新都会引起战争形态和作战方式的深刻变革。当前，以人工智能技术、网络信息技术、生物交叉技术、新材料技术等为代表的高新技术群迅猛发展，波及全球、涉及所有军事领域。智者，思于远虑。以美国为代表的西方军事强国着眼争夺未来战场的战略主动权，积极推进高投入、高风险、高回报的前沿科技创新，大力发展能够大幅提升军事能力优势的颠覆性技术。

为帮助广大读者全面、深入了解世界国防科技发展的最新动向，我们以开放、包容、协作、共享的理念，组织国内科技信息研究机构共同开展世界主要国家国防科技发展跟踪研究，并在此基础上共同编撰了《世界国防科技年度发展报告》(2018)。该系列报告由综合动向分析、重要专题分析和附录三部分构成。旨在通过跟踪研究世界军事强国国防科技发展态势，理清发展方向和重点，形成一批具有参考使用价值的研究成果，希冀能为实现创新超越提供有力的科技信息支撑。

由于编写时间仓促，且受信息来源、研究经验和编写能力所限，疏漏和不当之处在所难免，敬请广大读者批评指正。

军事科学院军事科学信息研究中心

2019 年 4 月

前　言

陆战技术主要是指支撑陆战装备和作战人员更好地发挥作战能力的技术，主要涉及陆战力量的机动能力、打击能力、生存能力、信息能力、自主能力以及人效增强等方面。

本书针对2018年陆战领域科技的发展情况，从以上几个方面进行了总体评述；对坦克装甲车辆技术、火炮技术、弹箭技术、轻武器技术、陆战无人系统技术、陆战装备光电技术、陆战装备电子信息技术、火炸药技术、陆战领域化生放核技术等相关分领域进行了综合评述。

借助专家力量筛选出陆战领域有重要影响意义的专题，并开展深入研究。这些专题涉及：投资/预算分析，如2019财年美国国防科技研发投资与陆军预算等；前沿技术，如美国陆军关注的颠覆性技术、DARPA探索的创新性车辆技术等；战略规划解读，如美国陆军新版《战术网络现代化战略》、网络与电子战作战概念等；技术发展应用，如人工智能技术、机器学习技术、增材制造技术等；装备关键技术，如弹药协同攻击技术、美国陆军研究实验室2018年十大科技进展、武器装备智能化等。最后，以大事记形式对陆战领域2018年的重大事件按时间顺序进行了记录。

在本书的编写过程中，得到了中国兵器科学研究院李强、中国兵器工业集团第二一〇研究所王树魁、军事科学院军事科学信息研究中心李向阳、王三勇、马建龙等多位专家的悉心指导，在此表示衷心的感谢。

由于水平有限，错误和疏漏之处在所难免，敬请批评指正。

编者

2019 年 3 月

目　录

综合动向分析

重要专题分析

附录

ZONG HE

DONG XIANG FEN XI

综合动向分析

2018 年陆战领域科技发展综述

2018 年，世界陆战领域科技发展创新不断，主要军事国家从战略高度规划能力建设；系统开展颠覆性技术/前沿技术研究；创新发展悬挂、减震、动力、防护等技术带动车辆性能全面提升；发展仿生技术推动机器人技术进步；积极研发弹药领域的控制、动力、增程等新技术；不断扩展增材制造技术在含能材料制备方面的应用。

一、美军从顶层推动能力建设并采取相应措施促进相关技术发展

2018 年，美国陆军发布《陆军战略》和《美国陆军多域作战 2028》，指导未来 10 年陆军的建设和发展，并指出：陆军 2022 年前的首要任务是重建战备能力，重点发展远程精确火力、下一代战车、未来垂直起降飞行器、陆军网络、防空反导、士兵杀伤力 6 个现代化优先项目；全面改革现有采办体制，加快创新和技术发展。而多域作战是陆军建立对敌优势的基础概念，陆军将利用多域作战概念推动能力建设和兵力设计，建立更具杀伤力、更强大的地面作战部队。

美国陆军部负责采购、后勤与技术的部长助理发起“远征技术搜索”竞赛，鼓励企业资助的研究团体、小企业以及其他不是传统国防承包商的企业为陆军武器装备现代化提供技术和方案，支持陆军6个现代化优先项目的开展。该竞赛分4个阶段开展，逐步从概念、技术等方面筛选参赛方案，每个阶段的获胜者都能获得一定数额的奖金并晋级下一阶段，进入最终阶段的方案将进行概念演示验证。

美国陆军在“远征技术搜索”竞赛中关注的技术领域是：远程精确火力项目方面，能提高导弹射程的推进剂、增程火炮、制导与导航技术、先进含能材料，能替代集束弹药的先进战斗部，下一代雷达等；下一代战车项目方面，战车设计，车辆对先进威胁的防护能力，先进的发电设备，先进材料，有效的有人—无人机编队概念，人工智能、机器学习与自主化等；未来垂直起降飞行器项目方面，平台研发与演示、下一代无人机系统技术、航空防护与飞机生存能力、改进的态势感知能力、一体化任务系统、先进的动力系统等；机动通信指挥网络项目方面，安全的战术通信，互通性硬件、软件与信息系统，网络电磁活动，可靠的定位、导航与授时，持久情报、监视与侦察等；一体化防空反导项目方面，机动性近程防空，体型更小、成本更低的导弹，高能激光，基于火炮的反战术与小型无人机能力，先进导引头等；士兵杀伤项目方面，先进的杀伤与防护能力、训练、改进的士兵防护装备、改进的态势感知与通信能力、人体增强、不对称视觉与快速决策技术、持久战场医疗等。

二、积极探索改变陆战游戏规则和变革战车设计的颠覆性技术

美国陆军研究实验室发布《改变2050年陆战游戏规则的潜在科学技

术》报告，提出8项未来有可能改变陆战游戏规则的科学技术，分别为人造细胞、计算合成孔径成像、小型多功能量子红外传感器、量子信息、未来弹性战术网络、智能团队、嵌入式人工智能和预测失败的复杂性科学。这些技术对2050年及以后的陆战，尤其在后勤保障、态势感知、战场信息化网络化、人—机协作及装备智能化等方面具有颠覆性影响。

美国陆军研究实验室公布2018年度十大科技进展。这10项技术分别为同核异能态的电子俘获诱导核激发、“人在回路”机器学习技术、BODN炸药、跳跃机器人超强动力理论、铜钽纳米晶二元合金、新型热障涂层、燃气轮机燃料雾化过程X射线成像、利用类脑计算进行整数分解、里德堡量子传感器、以最小失真传输量子信息。这些技术是为支持未来陆军能力发展而开展的基础性、前瞻性研究，对未来武器装备与军事技术创新将产生重要影响。

美国国防高级研究计划局展示“地面X车辆”项目开展的6项创新性车辆技术。这6项技术分别为轮—履转换行走技术、轮毂驱动技术、大行程悬挂技术、装甲透视技术、虚拟透视交互技术和自主驾驶技术。这些技术将支撑陆军下一代装甲装备研制，大幅提升未来战车的机动性、态势感知能力、生存力、可操控性、智能化水平。

以色列推出“梅卡瓦”Mk4“巴拉克”主战坦克。该坦克采用人工智能、虚拟现实及升级型传感器等先进技术，是首款装备智能任务计算机的主战坦克，能更加准确地定位和打击目标。

三、动力与行动系统新技术发展活跃，提升车辆机动性

美国液体活塞公司在国防高级研究计划局支持下，开发功率为30千瓦

的0.75升新型高效混合循环转子发动机。该发动机单位质量功率为1.62千瓦/千克，热效率有潜力达到45%，质量和体积比同功率范围传统活塞式柴油发动机小一个数量级，能提高平台的机动性、有效载荷和执行任务的持久性。

美国车轴技术公司推出的5000系列电动独立悬挂，功率范围为200～500千瓦，车轮行程为330毫米，离地间隙为496毫米，具有强大的再生制动能力，能向车轮传输最大转矩；美国阿里逊公司展出的3000系列变速箱，最大额定功率为336千瓦，采用第五代电子控制器，提升操控和故障预测能力，可广泛应用于军用战术车、后勤车等多种车辆。

荷兰科尼公司瞄准装甲车辆市场扩大了减振器的产品种类，公司最新的93型圈式减振器速率达12米/秒，抗拉强度为200千牛，能够承受50千牛的压力，应用于芬兰帕特里亚公司的新型6×6装甲人员输送车。

四、防护技术和概念不断创新，着力提升地面平台生存力

德国ADS公司完成微秒级安全型主动防护系统的设计、研发和系统测试，推出世界上首个达到IEC61508二级安全标准（IEC61508是由国际电子技术委员出版的关于电气、电子、可编程电子安全相关系统的功能安全性标准）的主动防护系统。该系统主要由两组独立的传感器和各种拦截弹组成，具有安全性高、系统反应时间短、附带毁伤小等特点，采用模块化设计，未来可用于多种陆战平台。

德国IBD戴森罗斯公司展出“灵巧”模块化车辆防护系统。该系统克服了当前爆炸反应装甲和主动防护系统的技术缺陷，能有效抵御串联聚能破甲战斗部，可安装在主战坦克、步兵战车等多种平台上。模块的形状、

尺寸以及对抗装置的数量视炮塔、车体、轮站等不同位置而定，单个模块被击中后更换方便。

乌克兰透明装甲公司研制的“陆战平台现代化组件”在 T－64 主战坦克上完成作战试验。该组件是集“观、瞄、打”功能于一体的装甲透视系统，能大幅提升装甲装备态势感知、火力打击、战场生存力，改变乘员操控与车体装甲防护整体结构设计，有望带来装甲装备新变革。

五、控制、增程等技术发展，提升弹药打击效能

美国陆军研究实验室采用“随机蕨”算法完成计算机视觉技术用于炮弹制导的可行性验证。验证工作通过半实物仿真和系留试验进行，试验证实制导系统的命中精度小于 1 米，目标识别频率约 25 赫，达到目标识别精度和帧速的设计要求，可在炮弹飞行过程中有效识别目标。这项技术与光电或红外导引头配合使用，可在未来多域对抗环境下赋予制导炮弹自主识别和协同攻击的能力，推动弹药智能化发展。

美国陆军研究实验室公布了在研的炮弹滑翔增程技术，旨在通过优化炮弹气动布局来实现增程的目标。陆军研究实验室提出了一个配装有尾翼、弹翼和鸭舵的气动稳定炮弹概念，并以此为基础研究炮弹气动布局与增程效果之间的关系。在陆军研究实验室的设想中，这种炮弹将以高射角发射，以高飞弹道飞行，尾翼会在炮弹发射后立刻展开，而弹翼和鸭舵会在炮弹飞至最高点时展开，并将弹体俯仰角调整至最优，以实现滑翔增程。

德国 TDW 公司推出一种具备电磁脉冲攻击能力的反坦克战斗部样机，用于对付现代坦克装备的主动防护系统。新的战斗部配装有天线、高频无

线电波源和电容器，能够将装药起爆产生的能量转换为高能电磁脉冲，干扰和瘫痪坦克主动防护系统的传感器和电子器件，使其无法探测和拦截反坦克导弹。之后，战斗部的常规破甲装药将摧毁坦克目标。

六、机器人技术发展注重结构与功能仿生，灵活性和自主能力不断提高

受章鱼和其他无脊椎动物的启发，美国陆军研究实验室与明尼苏达大学合作研发出一种灵活的软体机器人。用于制作机器人的材料无需烘干、加热和组装，也不需要对使用人员进行培训，因此，士兵可以在任何需要的时间、地点 3D 打印制作并使用。这种机器人具备自主意识、自主感知能力，能根据各种内外部条件变化实时调整形态和属性。

美国幽灵机器人公司推出“视觉”系列新型腿式机器人，用于执行侦察监视、态势感知或利用袋式装置来运送无人机系统等任务。其中的中型四腿机器人重 20 千克，长 60 ~ 65 厘米，可携带 7 千克有效载荷，电池使用时间约为 3. 5 小时，速度为 3. 6 千米/小时。公司还在开发长 75 厘米，能搭载无人机系统的四腿机器人，其自带的无线充电装置能给自己和无人机系统充电。

意大利理工学院以四腿机器人为基础，加上两个用于拾取和操纵物体的拟人手臂开发出“半人马座”机器人。该机器人高 1. 5 米，重 93 千克，结构坚固，在恶劣环境下仍保持灵活性和稳定性。操作人员通过远程呈现和半自主预测系统，直接控制机器人及其肢体运动。

以色列特拉维夫大学研究人员利用蝙蝠的超声波测距原理，研发出一款“机器蝙蝠”机器人，该机器人能够依靠自然激发的声纳在环境中自

主导航。这是第一个完全自主、类似蝙蝠的仿生机器人，能在全新环境中移动，可根据回声信息绘制地图，描绘出障碍物的边界和其间的自由路径。

七、高张力键能释放材料制备取得突破，增材制造技术在含能材料制备中获得应用

美国陆军研究实验室联合华盛顿州立大学开发出一种新型高能炸药——一氧化碳—氮气聚合物晶体。该物质的理论密度为 3.983 克/厘米^3，能量是奥克托今的 3 倍，其成功制备标志着高张力键能释放类高能炸药的探索研究取得重大进展，为制备常温常压下稳定的高张力键能释放材料奠定了基础。

美国普渡大学利用双喷嘴活性喷墨打印技术实现了纳米铝热剂等含能材料的安全制备。研究人员采用4 遍打印方法，先用纳米铝胶状悬浮液打印 A、D 两个子层，而后迅速用纳米氧化铜悬浮液打印 B、C 两个子层，重复操作制得所需层数的纳米铝热剂。该技术无需预混含能组分，不会发生危险化学反应，有利于提高含能材料的制备安全性。

印度科学研究院采用增材制造技术成功制得内孔形状不同的高氯酸铵/端羟基聚丁二烯/铝粉高能复合固体推进剂。通过依次打印不同能量密度的推进剂浆料，或调整孔隙内填充物的种类和密度，使推进剂药柱能量延轴向递变，实现燃速可控或燃速渐变。制备过程无需使用模芯，不受药柱内孔形状限制，克服了现有工艺难以制备复杂内孔形状推进剂药柱的局限。

美国雷声公司发明固体推进剂增材制造方法，将部分固化的推进剂浆

料加入到喷嘴中，通过喷嘴挤出、沉积到基体上；将温度提高到固化温度或以上，使沉积的推进剂固化，该固化过程时间较短。采用该方法可快速生产任意尺寸、任意形状固体推进剂，制备过程中可在推进剂内部嵌入点火器等部件，制备安全性好。

（中国兵器工业集团第二一〇研究所　王磊）

2018 年坦克装甲车辆技术发展综述

2018 年，国外坦克装甲车辆技术的发展主要体现在以下几个方面：下一代坦克装甲车辆将大量采用新技术，提升装甲突击能力；动力传动技术和主动防护技术发展提高坦克装甲车辆机动性和生存力，保障部队的陆战效能；前沿车辆技术发展逐步迈向实际应用；两栖能力成为新型装甲车辆的开发重点，拓宽装甲装备作战领域。

一、下一代坦克装甲车辆将大量采用新技术，提升装甲突击能力

美国、法国、德国等国家已经启动了下一代坦克装甲车辆的研制工作，包括美国的下一代战车、法德的地面主战系统、法国的“蝎子”计划等。各国寻求利用有人—无人协同、先进的武器、网络和信息技术等来增强装甲装备整体性能，提升装甲突击能力。

（一）采用有人—无人协同技术，扩展部队作战能力

无人系统将有效避免士兵暴露在战场威胁下，保证部队生存力。国外大力开发具备遥控和自主技术的下一代坦克装甲车辆，同时将开发有人—

无人协同技术，使有人车辆和新型无人车辆协同作战。2018 年 9 月，美国发布的下一代战车能力需求之一是具备可选有人能力，当车内乘员离开平台后，战车必须能够遥控操作，与坦克、步兵战车联合行动。2018 年 6 月，法德提出的地面主战系统概念候选方案中有有人和无人两个配置，采用集群技术和引导—跟随技术等，有人和无人平台协同作战。2018 年 9 月，法国“蝎子”计划启动了无人系统与战车集成的未来能力研究，将机器人和小型无人机集成到装甲车辆中，保证部队的战场优势；此外，法国陆军计划 2025 年装备 VBAE 无人装甲车，替换 VAB 装甲车。

（二）集成先进武器，保证装甲装备强大火力

国外先进武器技术将集成到新一代装甲装备中。美国下一代战车将具备采用直射火力、精确打击、增程中口径火炮、定向能武器和导弹等全天时、全天候打击移动与静止目标的能力，配装超大高低射界的武器，能使用主武器和独立武器系统同时打击威胁。法、德地面主战系统概念提出的两个候选方案，一是采用 2016 年德国推出的 130 毫米滑膛炮，或法国、德国、英国、美国联合开发的 140 毫米未来坦克主炮，二是采用激光武器系统、导弹发射装置或其他先进武器，显著提升杀伤力。

（三）借助先进网络和信息技术，保证战场优势

美国下一代战车将采用改进的 360°态势感知和敌方火力探测工具、红外和可见光摄像机，为士兵提供战场环境的全景视图，可在车内士兵、下车士兵和无人系统间共享、交接目标，并配置可与综合训练环境互操作的嵌入式训练系统，提升士兵训练水平和部队战场信息优势。法国“蝎子”计划的两项未来能力研究是：以下车士兵为中心的通信，使下车士兵能与战场上所有的行为体实时且安全地交换信息，包括其他士兵和车辆；爆炸式增长的传感器的管理，通过大量传感器及数据分析提出解决方案来协助士兵行动，有效利用战场上大量的传感器，依靠人工智能和海量数据处理技术来处理和分析产生的所有数据，进一步提高反应能力。2018 年 7 月，以色列推出“梅卡瓦”Mk4“巴拉克”主战坦克，该坦克采用人工智能、虚拟现实及升级型传感器等先进能力，是首款装备智能任务计算机的主战坦克，能更加准确地定位和打击目标，将进一步提升装甲部队的作战能力。

二、动力传动技术和主动防护技术发展促使装甲装备能力升级

美国、俄罗斯、印度、韩国等都在为坦克装甲车辆研制新型发动机，美国、以色列、德国、欧洲等在主动防护技术方面取得重大进展。国外从机动性和防护两个方面不断提升坦克装甲车辆综合性能。

（一）研制新型动力传动系统，提高装甲装备机动性

美国在推进下一代战车研制的同时，也在寻求为“布雷德利”和下一代战车研制先进发动机。康明斯公司提出为美国陆军开发出散热量降低 21%、功率密度提高 50% 以上、燃油消耗降低 13% 的发动机。俄罗斯为 T-72B3主战坦克研制的 V-92S2F 新型柴油机功率为 842 千瓦，比 V-92S2 高 134 千瓦，提高 19%，可用于各种改进型 T-72 主战坦克。印度分别为本土许可生产的 T-72 和 T-90 主战坦克分别研制出功率为 573 千瓦和 735 千瓦的新型发动机，批量生产后将有效提升印度本土防务生产能力。韩国也寻求主战坦克动力传动系统国产化。韩国第二批 K2 主战坦克将采用韩国 DV27K 型 1103 千瓦发动机和 EST15K 型自动变速箱，使韩国本土动力传动系统研制能力提升到国际先进水平。

（二）集成主动防护系统，提升士兵装备防护能力

美国在主动防护系统过渡方案工作上取得进展，美国陆军于 2018 年

6 月签订合同，为“艾布拉姆斯”主战坦克采购“战利品”主动防护系统；8 月取消为“斯特赖克”装甲车配备“铁幕”主动防护系统后，继续测试潜在主动防护系统方案。以色列为“埃坦”装甲人员输送车测试“铁拳”主动防护系统。“铁拳”使用雷达和红外传感器探测来袭威胁的发射和飞行，然后从转塔发射拦截弹，在相对安全的距离外硬杀来袭威胁。德国推出的一款智能防护技术组件采用由传感器和 1（或 2）种对抗措施组成的模块，当来袭威胁击中模块表面时，传感器向相应的对抗措施发送触发脉冲，能量束可在聚能装药射流形成前对准来袭威胁主要战斗部。德国还推出“下一代主动防护系统”，这是世界上首个达到 IEC61508 二级安全标准的主动防护系统。该系统反应时间短，能近距离同时拦截多个来袭威胁，附带毁伤小，实际测试拦截成功率为 99.9%，未来可用于多种陆战平台。

三、前沿车辆技术发展逐步迈向向实际应用

美国国防高级研究计划局在“地面 X 战车”项目下开发并演示了 6 项创新性车辆技术，这些技术充分利用了近年来云计算、信息融合、自主控制、虚拟与增强现实、人工智能等技术的进步，引领国外前沿装甲车辆技术的发展。

（一）开发前沿传动和行动技术，提高车辆通过性和机动性

为提高战车在多地形下的通过性和机动性，美国演示了轮—履转换行走、轮毂驱动和大行程悬挂技术。采用轮—履转换行走装置的车辆兼具轮式车辆的高速机动性和履带式车辆的越野机动性特点，能够根据地形和路面质地变化情况在 2 秒内转换行走方式，大幅提高车辆的通过性和机动能力。采用轮毂驱动技术的车辆取消了传统发动机和变速箱，从而减轻车重，

提高车辆单位功率密度，提高车辆速度、加速性、转向等机动性和制动特性。大行程悬挂技术可确保车辆行驶稳定性和乘员舒适感。

（二）集成先进感知技术，提升车辆乘员态势感知能力

为提高车辆信息力，增强乘员态势感知能力，美国演示了装甲透视技术和虚拟透视交互技术。车辆乘员通过装甲透视系统，利用3D护目镜、光学头部跟踪器和环绕式活动窗口显示屏等装置，可在封闭车舱内观察车辆周围实时高清视图，实现封闭舱驾驶和作战，提高态势感知能力和生存力。基于虚拟透视交互技术研制的系统将车载激光雷达获得的点云信息、车载摄像机获得的二维视频信息、狙击手探测系统获得的威胁信息、导航系统的路径规划信息等融合生成“真实”的三维模型，形成多视角虚拟透视场景，使乘员能感知车外环境、前方威胁、规划路线等信息，准确操控车辆并探测目标。

四、两栖能力成为新型装甲车辆的开发重点，拓宽作战领域

美国、俄罗斯、德国等国家在重点推进坦克装甲车辆的两栖能力发展；日本建立两栖部队，加强对偏远岛屿的保护能力。美国海军陆战队虽然取消了两栖突击车生存力升级项目，但是将资金转向两栖战车等新能力研发项目，旨在更好地提升海军陆战队在未来战斗中的机动性、火力和生存力。BAE 系统公司赢得美国海军陆战队两栖战车“增量”1.1 项目合同，提供新型两栖战车；同时海军陆战队也在加紧研究两栖战车“增量”1.2 的需求。受美国 AAV7 两栖突击车等现有平台的启发，俄罗斯鄂木斯克运输机械厂为俄罗斯海军步兵提出 BMMP 两栖步兵战车概念。该车采用功率为1103～1838千瓦的燃气轮机，通过车尾的两个喷水推进器前进，水上速度

可达 37 千米/小时，可安装多种炮塔，包括配备 100 毫米、30 毫米、57 毫米火炮及配备 7. 62 毫米、12. 7 毫米或 14. 5 毫米机枪的小型遥控武器站等。德国克劳斯—玛菲·威格曼公司在 2018 年法国国际防务展上展出了一款 APVT 履带式两栖装甲车。该车总重 30 吨，水上行驶时通过喷水推进器前进，最大水上速度为 13. 2 千米/小时，最大水上行程为 54 千米；该车最大特点是陆上行驶时为传统形式，车辆前部向前，水上行驶时车辆尾部向前，尾部设计类似于船首，更适于减轻水上行驶阻力；这种水陆反向行驶设计是一种新的设计理念，将有效提高车辆水上性能，保证部队机动能力。

（中国兵器工业集团第二一〇研究所　宋乐）

2018 年火炮技术发展综述

2018 年，陆战火炮技术呈现以下发展态势：压制火炮主要通过加长身管、配用先进弹药等技术手段实现增程，美国计划通过远程精确火力项目群的发展逐步实现榴弹炮最大射程 130 千米、火箭炮最大射程 499 千米；借助系统减重和自动装填等技术改进，大口径榴弹炮的机动性和全自动操作能力有所改善，进而使综合作战效能跃升；电磁导轨炮、埋头弹武器、软后坐等新发射技术取得重大进展，进一步加快实用化进展；末端防御武器技术重视拓展反无人机能力。

一、加长身管和配先进弹药成主要技术手段，火炮增程稳步实现

增大射程、提高威力是火炮发展追求的永恒主题，国外主要通过加长身管和研发先进弹药等技术途径，大幅提升压制火炮的射程，满足陆战对远程精确炮兵火力支援的需求。

（一）采用先进炮管和弹药技术，逐步实现榴弹炮射程 130 千米

增程火炮项目是美国陆军 2018 年 3 月公布的“远程精确火力”项目群

的近战火力层的核心，目标是提升大口径榴弹炮的作战效能，分三步实施：一是研制价格低廉的 XM1113 火箭增程炮弹，配装高性能火箭发动机（推力是现役 M549A1 火箭增程弹药的 3 倍），采用符合不敏感弹药标准的装药，可加装 GPS 制导的精确制导组件（精度小于 30 米），射程与“神剑”制导炮弹（40 千米）相当，计划 2021 年列装；研制改进型“神剑”制导炮弹。二是研制 58 倍口径 155 毫米火炮，具备自动装弹功能，射程 70 千米，最大射速 10 发/分钟。三是使火炮射程增至 130 千米，备选方案包括冲压增程炮弹、超高速炮弹等。

美国陆军正在稳步推进火炮增程项目。2018 年 9 月在尤马试验场举行的实弹射击演示中，美国陆军试射了经炮管和弹药技术改进射程增大 2 倍的 M777 式 155 毫米牵引榴弹炮。此次演示重点展示了远程火炮多系统之系统综合运用火炮、弹丸、发射药来实现增程的可行性。为实现增倍的射程，该炮需要配用更长的炮管和更大的口径。为此，研究人员正在改良炮管的凹槽和冶炼技术，改变液压系统以处理更大的膛压，并使用类似于火箭弹的新型 XM1113 冲压增程炮弹。演示后，美国陆军计划继续测试与研制远程火炮部件，预计 2020 财年进行首次作战评估。2018 年 10 月 10 日在美国陆军协会年会上，美国陆军远程精确火力跨职能小组组长表示，将协助陆军实现使 155 毫米榴弹炮的射程增大到 130 千米的目标。

（二）采用先进制导技术和战术导弹，推进多管火箭炮的远程化

2018 年，各国仍积极研究和发展远程火箭武器系统，在现有装备的基础上进一步提升射程和精度，并扩展可执行的任务范围。美国远程火箭武器系统仍以 M270 多管火箭炮和“海玛斯”高机动多管火箭炮为主，这两种多管火箭炮发射制导火箭弹的最大射程为 70 千米，发射陆军战术导弹的射程可达 300 千米。美国陆军 2018 年 3 月公布的“远程精确火力”项目群纵深火力层的核心是“精确打击导弹”项目，可由 M270A1 火箭炮或“海玛斯”火箭炮发射，目标是使导弹的最大射程达到 499 千米，有望 2022 年列装；巴西最新型“阿斯特罗斯”2020 能够发射新型 AVMT－300 巡航导弹，以及 SS－AV－40 式 GPS 制导火箭弹和新型 SS－150 火箭弹，后者的最大射程为 150 千米；乌克兰 BM－30“旋风”多管火箭炮发射“维尔卡”300 毫米地地战术导弹的射程可达 300 千米，射击精度远超上一代火箭弹；塞尔维亚研制的“舒马迪亚”多口径多管火箭炮可发射“耶里纳”2 非制导火箭弹和“耶里纳”1 导弹，最大射程分别为 70 千米和 285 千米；韩国现役的“春穆”多管火箭炮发射 239 毫米制导火箭弹的最大射程可达 160 千米，正在研制的“春穆”2 多管火箭炮的目标是使最大射程增大 2 倍。随着精确制导火箭弹和导弹的部署使用，多管火箭炮除能够对付集群目标之外，还可有效打击高价值目标，真正成为远程精确打击武器。

二、轻量化和自动装填技术普遍应用，大口径榴弹炮效能跃升

在现代战争的需求牵引和技术推动下，重量较轻、快速机动、可使用运输机空运和直升机吊运的 155 毫米车载榴弹炮成为一大发展亮点，再加上半自动和自动装填技术的普遍使用，使得大口径榴弹炮的机动性和自动化程度得到显著提升。

（一）结合运用卡车底盘和牵引炮，实现减重并提高机动性

为提高火炮的机动性，国外将现有牵引榴弹炮与卡车底盘结合成新型车载榴弹炮，它与轮式自行榴弹炮的区别在于不采用炮塔，具有重量轻、机动性好、反应速度快、技术风险小、研制周期短、成本低等特点，且可使用运输机空运和直升机吊运，一旦卡车底盘出现故障或战损后，火炮本

身能下车独立作战。52 倍口径身管正在成为车载榴弹炮的制式身管，2018 年涌现出多款新型 52 倍口径 155 毫米车载榴弹炮，主要有法国的“凯撒”8×8、捷克的 TMG“伊娃”8×8、乌克兰的 2S22“博赫丹”6×6、印度的机动火炮系统、日本的新型自行榴弹炮、塞尔维亚的“亚历山大”、新加坡的 155 毫米先进机动火炮系统等。

（二）借助自动装填技术，提高射速并实现全自动操作

射速是榴弹炮射击火力和自动化程度高低的重要表征，为提高射速，国外现役的和正在研制的大口径榴弹炮普遍采用全自动和半自动（包括弹丸、引信、发射药和底火）弹药装填系统和模块装药，实现从选弹、选药、供弹、供药、输弹、输药、引信装定、底火装填到击发的自动化。2018 年，国外新研的 155（152）毫米榴弹炮多采用全自动和半自动弹药装填系统，如俄罗斯国防部订购的 2S35“联盟”SV 152 毫米自行榴弹炮最大亮点是采用全自动装填的无人炮塔，能自动选择必要的炮弹和模块装药，使用气压动力装弹，实现车载弹药装载过程的自动化，而模块装药则是利用微波系统点火，火炮能在任何方向角和仰角下以最大射速 16 发/分钟瞄准开火；亮相法国国际防务展的法国“凯撒”8×8 以及塞尔维亚 B－52“诺拉”和“亚历山大”、德国新研的机动火炮系统、捷克新研的 TMG“伊娃”8×8 等 155 毫米自行榴弹炮均采用全自动弹药装填系统，其中德国机动火炮系统进入发射阵地后可在 1 分钟内发射 8 发炮弹；乌克兰新研的 2S22“博赫丹”155 毫米自行榴弹炮采用半自动装填系统，最大射速为 6 发/分钟。

三、新发射技术不断取得突破，新概念火炮实用化进程加快

除常规火炮技术改进外，国外还大力推进电磁发射、埋头弹武器、软

后坐等新概念火炮技术发展，其中埋头弹武器已迈入实用化阶段。

（一）电磁导轨炮技术受多国重视，正在进行不同阶段的测试

美国正在发展的电磁导轨炮主要有海军电磁导轨炮项目和通用原子公司“闪电”电磁导轨炮。尽管海军电磁导轨炮项目曾一度受挫，但其配用弹丸、脉冲电源等技术不断进步，2018 年 3 月，美国海军表示将继续投资研发电磁导轨炮及相关技术；同月，通用原子公司宣布首次从美国陆军获得为期3 年的合同，与陆军武器研发与工程中心合作开展电磁导轨炮技术升级、样炮交付、系统集成及任务效果测试，以及与陆军现役和未来车辆集成的可行性研究等工作。

2018 年 7 月，日本防卫省采办、技术与后勤局首次在互联网上发布关于电磁导轨炮制造流程及相关支持和测试设备的视频。在视频中，采办、技术与后勤局声称，若电磁导轨炮由超过2 兆安的电流供电，理论上可以超过 2000 米/秒的初速发射一发重 10 千克的弹丸，但仍处于样炮研制阶段。

2018 年 9 月，俄罗斯首门电磁导轨炮完成进一步测试，该炮在测试期间发射重 15 克的塑料圆柱形测试弹丸穿透了一个几厘米厚的铝板，未来除用作杀伤武器外，还考虑用于向国际空间站运送货物等应用。

土耳其宣布已成功测试可以高超声速发射金属弹丸的“弹弓”电磁导轨炮，该炮在测试期间的初速达到约 2583. 3 米/秒，土耳其有意将该炮的初速提升至 2916. 7 米/秒，任何目标几乎都无法防御。

（二）埋头弹武器技术发展成熟，开始陆续装备使用

埋头弹（CTA）也称嵌入式或套筒式弹药，与常规炮弹不同，它是将弹丸全部装入药筒内，在弹丸的后部及周围装填发射药，整个弹体呈圆柱形；埋头弹武器系统是指采用常规火药发射埋头弹的武器，采用回转式炮膛，利用独特的“顶出”式工作原理进行弹药自动装填，通过耳轴以 90°角供弹，其配用弹种有曳光目标训练弹、曳光尾翼稳定脱壳穿甲弹、曳光通用空爆弹、曳光通用触发弹和曳光防空空爆弹，以及仍在研制的动能空爆弹、通用动能训练弹和曳光减程目标训练弹。埋头弹武器系统具有重量轻、体积小、初速高、射程远等特点，已进入实用化阶段。2018 年 5 月，法国奈克斯特系统公司与埋头弹国际公司签订一份合同，订购首批 110 门 40 毫米埋头弹武器系统，这批埋头弹武器系统将安装在稳定型双人炮塔上，用于装备法国陆军“捷豹”6×6 装甲战车，预计装备数量超过 100 辆，超过现役总量的 1/3。

（三）软后坐发射技术引入，使火炮后坐力减半、重量大幅减轻

2018 年 5 月，在约旦国际防务展上，美国 AM 通用公司将“鹰眼”105 毫米软后坐榴弹炮安装在高机动多用途轮式车底盘后部展出。该炮采用“非待发射状态击发”（FOOB）技术（一种改良的软后坐技术），旨在通过在底火药点火之前瞬间为后坐部分提供一个向前的速度，抵消一部分后坐能量，可使后坐力减小 50% 以上，从而减小通过炮耳轴传递给炮架的载荷，最终使火炮重量比常规待发射位置击发榴弹炮轻得多，再加上高机动多用途轮式车的优越越野机动性，能够在不依赖重型装备或大量部队/后勤保障的情况下进行机动、射击并再次机动。车上共可携带 4~6 发炮弹。为增加炮弹数量，另 1 辆高机动多用途车的货车车型可用于携带更多的炮弹。

四、反无人机和反巡航导弹成发展重点，末端防御能力得到拓展

随着现代战场上低空无人机威胁的不断增多，防空武器系统领域面临着反无人机能力的全新命题，各国在发展高炮、弹炮结合防空系统和 C -

RAM 系统的过程中均重视提升反无人机能力，特别是美国间瞄火力防护能力“增量”2 拦截系统最初用于对付炮弹类目标，未来重点对付巡航导弹和无人机目标。

（一）美国基于导弹的 C－RAM 系统未来重点对付反巡航导弹和无人机

美国陆军间瞄火力防护能力“增量”2 旨在发展一种用多任务发射装置（MML）发射的小型导弹防空系统，即间瞄火力防护能力“增量”2 拦截系统，该系统由 MML 多任务发射装置、扩展任务区域导弹—拦截弹（EMAM 拦截导弹）、“哨兵”雷达或新型雷达、一体化防空反导作战指挥系统等组成，最初主要用于对付火箭弹、大口径炮弹和迫击炮弹等炮弹类目标威胁。2018 年 9 月，美国陆军表示间瞄火力防护能力“增量”2 拦截系统未来将主要用于对付巡航导弹和无人机等目标威胁，从而构建更加完善的防空反导体系。

（二）反无人机能力受到重视，末端防御武器实现功能拓展

国外高炮、弹炮结合防空系统和 C－RAM 系统等末端防御武器发展均重视拓展反无人机能力。高炮领域，俄罗斯“偏流”PVO 57 毫米自行高炮可用于对付无人机目标；德国“空中游骑兵”防空系统是将配备 35 毫米厄利空转膛炮和光电跟踪传感器的 Mk4 炮塔安装在“拳击手”8×8 装甲车上，于 2018 年 9 月 18 日发射 24 发“阿海德”空爆弹击落 1 架喷气式无人机，2018 年 9 月 19 日仅发射 3 发弹击落另 1 架同种喷气式无人机。弹炮结合防空系统领域，俄罗斯“铠甲”弹炮结合防空系统 2018 年 1 月 6 日晚在叙利亚击落敌方至少 6 架无人机；韩国升级型“飞虎”弹炮结合防空系统可使用 KP－SAM“神弓”防空导弹打击无人机目标，最大射程 7 千米。C－RAM系统领域，美国陆军开展的初始型机动近程防空系统项目强调反无人机能力，于 2018 年 6 月 28 日选中意大利莱昂纳多 DRS 公司提供任务设备组件，以应对无人机、旋翼机和固定翼飞机威胁；南非为分层式反火箭弹、炮弹和迫击炮弹系统研制的“猫鼬”3和“猎豹”两种导弹也能够拦截巡航导弹、无人机和直升机等目标。

（中国兵器工业集团第二一〇研究所　刘婧）

2018 年弹箭技术发展综述

2018 年，国外围绕未来作战需求，在制导与控制技术、增程技术、战斗部技术等弹箭主要技术领域开展广泛研究，取得多项成果，有效支持了新型弹箭装备的研制和地面远程精确火力打击能力的提升。

一、美国陆军构建新一代火力打击体系，推动相关弹箭技术的发展

2018 年，美国陆军将“远程精确火力”由原来的单个装备研制项目拓展为项目群，整合了大口径榴弹炮、炮弹、火箭弹、地地战术导弹、战略导弹等陆军火力打击装备发展计划，对陆军未来火力打击体系和能力进行了整体规划和设计，并带动弹箭相关技术的发展。

（一）分三个层次规划未来火力打击体系

美国陆军按照近战火力、纵深火力、战略火力三个层次来规划未来火力打击体系。其中，近战火力的目标是提升大口径榴弹炮作战效能，核心是“增程火炮”项目，将研制 XM1113 火箭增程炮弹、改进型“神剑”制

导炮弹等新型弹药和58倍口径155毫米火炮，使榴弹炮射程超过70千米；纵深火力的目标是提升导弹射程，核心是“精确打击导弹”项目，将研制替代现役“陆军战术导弹”的新一代战术地地弹道导弹，射程达到499千米，可打击地面和海上移动目标，或投放侦察巡飞弹进行远距离侦察；战略火力的目标是具备远距离打击战略目标的能力，核心是发展射程2250千米的战略火力导弹和射程1600千米战略炮兵武器，前者采用通用远程高超声速滑翔技术，后者的技术方案尚未公布。

（二）各研究机构围绕体系建设发展相关弹箭技术

美国陆军下属科研机构开展有多个与远程火力打击武器相关的技术研究项目，能够为“远程精确火力”项目群的能力需求分析和装备研发工作提供技术支撑。例如，陆军航空和导弹研发工程中心正在开展“低成本战术增程导弹”项目和“陆基反舰导弹”项目，其中前者旨在开发用于“精确打击导弹”的战斗部与引信技术、导航技术和动力技术，后者旨在开发使陆军现役火箭炮和火炮系统具备打击水面舰艇能力的导引头、数据链和战斗部等相关技术。陆军研发与工程中心、陆军通信电子研发与工程中心、陆军研究实验室等研究机构也在积极开展战斗部、导引头、弹群协同等技术。此外，美国陆军还发起了“远征技术搜索”竞赛，鼓励企业及其资助的研究团体将所拥有的技术用于陆军武器装备研制。

二、弹药制导控制技术发展活跃，自主目标识别能力受到重视

制导与控制技术是提升弹药命中精度和作战效能的关键技术，一直以来都是弹箭技术领域的发展重点。2018年，美国、以色列等国家在导引头、惯性测量组件、控制技术、制导控制算法等多个方面积极开展

研究，提升弹药的命中精度、机动能力和抗 GPS 干扰能力，同时降低制导弹药成本。其中，能够赋予弹药自主目标识别能力的计算机视觉算法受到关注并开始在一些弹药型号中得到应用，推动弹药向智能化方向发展。

（一）推动导引头、惯性测量组件等硬件技术发展

美国国防部长办公室、战略能力办公室等机构积极投资开发导引头、惯性测量组件等关键制导组件，为提升弹药作战效能奠定硬件基础。导引头技术方面，美军正在投资开发能够在高温条件下工作的中波红外导引头，希望利用中波红外探测器领域的最新研究成果提升武器的目标捕获和跟踪能力，并解决 GPS 拒止环境下的导航等问题；美国战略能力办公室寻求一种高分辨率、高灵敏度和高刷新率的紧凑型有源射频导引头，能承受 50000g 火炮发射过载和较高的气动热，并兼具目标识别与通信能力；国防高级研究计划局开发低成本光学导引头，生产成本要求在 2 万美元以下，采用开放式架构和接口，能够集成多种传感器，适用于不同类型的弹药；美国国防部长办公室投资研制用于制导炮弹的抗高过载紧凑型光电导引头，要求能够承受 50000g 以上的发射过载和较高的气动热，并可以在极高的接近速度下探测和识别战术面目标。

惯性测量组件方面，美军投资研制芯片级惯性测量系统，致力于实现基于激光的高性能惯性测量组件的小型化、集成化，并使其能够用于军事作战环境；美国国防部长办公室寻求用于 155 毫米制导炮弹的抗高过载紧凑型惯性测量组件，要求能够承受 50000g 以上的发射过载，并可以在缺少其他定位、导航与授时装置的情况下保持较低的漂移率；美国导弹防御局正在尝试将超高速炮弹用于防空作战，并为其研制先进陀螺仪，要求抗过载能力比现有技术水平提高 2 ~ 3 倍且性能下降不超过 5%；美国大西洋惯性系统公司推出“利缇斯”和“泰坦”两款新型战术级 MEMS 惯性测量组件，两者都是基于“神剑”1b 制导炮弹所采用的 SilMU02 惯性测量组件开发，具备更高的性能水平。

（二）注重提升弹药机动能力，开发低成本控制系统

提升机动能力可提高弹药的精度和射程，并使其能够以更有利的弹着角命中目标，提升毁伤效能。美国陆军正在投资研制性能更强且可以承受高过载的新型舵机，提高炮弹的机动能力。雷声公司通过软件升级提升了“神剑”制导炮弹的机动能力，使士兵能够为其设定末段弹着角，从而能够打击处于立交桥下等隐蔽位置的目标。此外，控制系统也是导致制导弹药成本升高的主要因素之一。美国陆军研究实验室正在利用商用现有技术为制导炮弹研制一种低成本控制系统，并在一个高机动性弹体概念上进行技术演示。

（三）积极开发弹用自主目标识别算法

自主目标识别算法能够使配装光电或红外导引头的弹药具备自主发现、识别和打击目标的能力，可提升弹药的作战灵活性和智能化水平。美国陆军研究实验室正在探索将计算机视觉技术用于炮弹制导，采用“随机蕨”计算机视觉算法，为加装捷联式光电导引头的制导炮弹设计了一套制导方案。雷声公司正在为美国陆军研制“神剑”–HTK 制导炮弹，在 GPS/惯性制导的基础上加装光电或红外导引头，并具备自主目标识别能力。以色列拉法尔公司新研制的 EPIK 火箭弹制导组件使用基于场景匹配技术开发的自主目标捕获算法和非制冷红外/激光半主动双模导引头，可根据目标参考图像自主识别目标。BAE 系统公司也在为美国国防高级研究计划局的低成本光学导引头开发自主目标识别算法。

三、优化弹体气动外形与改进动力系统相结合，拓展地面打击平台火力覆盖范围

为提升炮弹和火箭弹射程，美国、挪威等国家从改进动力系统和优化弹体气动外形两个技术途径着手开展研究，并在2018年取得一定的研究成果。美国陆军正在研制的XM1113火箭增程炮弹采用高性能火箭发动机（推力是现役M549A1火箭增程炮弹的3倍）和优化的气动外形，用39倍口径155毫米火炮发射时射程可达40千米。挪威纳莫公司2018年首次展出了155毫米固体燃料冲压增程炮弹，该炮弹采用固体燃料冲压喷气发动机和带有进气道的独特气动外形，射程可达100千米以上，远超常规155毫米炮弹。美国陆军航空和导弹研发与工程中心正在开发尾舵控制制导火箭弹，并在2018年进行首次试射，射程达到113千米。这种制导火箭弹将GMLRS制导火箭弹的控制方式由鸭舵控制改为尾舵控制，以提升射程。尾舵控制制导火箭弹的相关技术将用于洛克希德·马丁公司正在研制的增程型GM-LRS制导火箭弹，该制导火箭弹还将配用体积更大的固体火箭发动机，射程将达到150千米。2018年4月，美国陆军航空和导弹研发与工程中心公布了在弹药动力技术领域的研究规划，其研究内容涉及火箭发动机高能推进剂、发动机部件技术、推力可控技术、火箭发动机整机研制与测试等技术领域，满足美国陆军提高弹药射程和安全性、降低发动机成本等方面的要求。美国陆军研究实验室正在研究炮弹滑翔增程技术，提出了一个配装有尾翼、弹翼和鸭舵的气动稳定炮弹概念，该炮弹将以高射角发射，尾翼会在炮弹发射后立刻展开，而弹翼和鸭舵会在炮弹飞至最高点时展开，并将炮弹攻角调整至最优，以实现滑翔增程。

四、发展新的战斗部设计和制造工艺，提升弹药毁伤效能

2018 年，国外针对目标特性和作战需求的变化提出一些新型战斗部设计，以满足未来战争对弹药毁伤威力的新要求。此外，增材制造等新型制造技术的应用也有助于提升现有战斗部的毁伤威力。

（一）设计能满足未来作战需求的新型战斗部

为打击配装有主动防护系统的现代坦克目标，德国 TDW 公司研制出一种具备电磁脉冲攻击能力的新型反坦克战斗部，并于 2018 年首次公布。该战斗部配装有天线、高频无线电波源和电容器，能够将装药起爆产生的能量转换为高功率电磁脉冲，可以干扰和瘫痪坦克主动防护系统的传感器和电子器件，使其无法探测和拦截反坦克导弹。该战斗部还装有常规破甲装药，用于侵彻坦克装甲。

为满足高超声速导弹对战斗部的要求，诺斯罗普·格鲁曼公司利用“杀伤力增强型弹药”技术设计出一种重 23 千克杀爆战斗部，并在 2018 年进行系列试验。“杀伤力增强型弹药”技术是为满足美国国防部集束弹药政策而研制的，不配装子弹药，而是在较薄的战斗部壳体内加装一层预制破片衬层，以提升面杀伤效果。诺斯罗普·格鲁曼公司在现有技术的基础上进行优化，使新战斗部具备打击中型，甚至重型目标的能力。

此外，美国陆军非常重视提升反坦克作战能力，正在为“神剑”HTK 制导炮弹研制能够打击装甲目标的多效应战斗部，为“精确打击导弹”研制反坦克子弹药。

（二）利用增材制造技术提升战斗部毁伤威力

MBDA 公司正在尝试利用增材制造技术提升侵彻战斗部的毁伤威力，

并在2018年对设计方案进行可行性演示试验。MBDA公司利用增材制造技术制造出微型栅格结构，并将其填充在两层金属薄板之间，取代全钢结构作为战斗部壳体，在保证战斗部侵彻能力的情况下显著降低壳体质量，提升爆破杀伤效能，解决高侵彻能力和强爆破效应无法兼顾的矛盾。

此外，诺斯罗普·格鲁曼公司也利用增材制造技术制造高超声速导弹战斗部的部分零件，提升炸药装填率。

五、研究弹药协同攻击能力，应对未来复杂作战环境

为保证在“反介入/区域拒止”环境下的火力打击能力，美国陆军正在积极发展弹药协同攻击能力，并在2018年公布了“弹群协同攻击技术”和“战场环境分布式与协同打击”两个研究项目。其中，“弹群协同攻击技术”项目由美国陆军航空和导弹研发与工程中心负责，旨在开发一套可安装在陆军有人/无人车辆与航空平台上的系统，使单个士兵能够同时发射和控制20枚以上的导弹，快速打击25千米范围内的集群和分散目标；导弹具备巡飞和协同作战能力，能够沿实时更新的路径点飞至目标位置，采用先进的图像处理算法自主识别和锁定目标，完成末段攻击。该项目将使小型部队能够在缺少传统近空火力支援的情况下取得火力打击优势，并能够应对大量集群目标。“战场环境分布式与协同打击”项目由美国陆军研究实验室负责，将通过在制导弹药间引入通信和协同能力来提升陆军的火力打击能力，消除“反介入/区域拒止”环境下火力单元无法集中部署对打击效果的影响，并通过高性能制导弹药与低成本制导弹药编队来降低精确打击的成本。

（中国兵器工业集团第二一〇研究所　王建波）

2018年士兵装备技术发展综述

2018年，国外陆战士兵装备技术发展重点涵盖士兵系统、枪械及弹药、可穿戴外骨骼等领域，其中：士兵系统技术领域依然以网络化、智能化和防护能力为发展重点，旨在大幅提升士兵网络化综合作战能力；通过新概念、新原理、新技术、新结构的嵌入，涌现出多款新型枪械及弹药，单兵肩射武器更是呈现制导化发展态势；可穿戴外骨骼技术推进功能拓展，在提供单兵助力的基础上还可帮助士兵手持枪械稳定射击，同时与士兵系统集成使用已成一大发展亮点；另外，随着无人机威胁的加剧，传统轻武器技术领域更重视提升反无人机能力，推出40毫米反无人机榴弹、单兵可穿戴反无人机系统等新装备。

一、网络化、智能化和防护能力依然是士兵系统技术研发重点

士兵系统领域仍以通信与网络技术、智能设备、作战服与防护技术为发展重点，强调“以士兵为平台、以网络为中心”的设计思想，大幅提升士兵网络化综合作战能力。

（一）借助通信与网络技术实现互联互通

俄罗斯陆军计划 2025 年前为其现役“战士”2 士兵系统的头盔配装综合通信系统，能够实时交换多种类型的信息并协调士兵的行动。

在 2018 年 4 月亚洲国际防务展期间，马来西亚展出的未来士兵系统是马来西亚武装部队网络中心战项目的一部分，该系统主要由背包式可穿戴计算机、战术显示单元、头盔单目显示器、单兵任务电台、遥控单元、中央能量单元和头盔摄像机组成。

在 2018 年 6 月的法国国际防务展期间，德国莱茵金属公司展出的“短剑”（即 IdZ－ES）和“阿格斯”两款士兵系统均体现了网络化特点。其中，“短剑”士兵系统的亮点之一是人车互联，已实现与新列装战车的整合，车内人员与下车士兵可进行双向无缝信息传输；“阿格斯”新一代士兵系统在吸取“短剑”系统优点的基础上，加强了与 Android、Windows 和 Linux 操作系统的兼容性，同时减少士兵负重和认知负担，可提高作战速度、作战效率，以及更好地利用现有能力和资源的能力。

2018 年 10 月，澳大利亚披露了面向 2035 年的“未来战士”士兵系统，它将采用可配置头盔，头盔上能够选装综合多光谱传感器、增强现实护目镜等，借助数据融合技术提高态势感知，包括地图和目标定位。

（二）借助人工智能技术提高士兵系统信息处理和操控的智能化

士兵系统智能化逐渐成为国外的研究重点和方向。新加坡技术动力公司在 2018 年 2 月新加坡航展期间展出了“陆军单兵生态型轻量化装备”士兵系统的最新升级成果，其中“单兵增强型感知设备”系统是一种实时健康追踪装置，可用于监控士兵的生命体征，如心率和呼吸频率、压力水平（通过皮电反应）以及体温等，并将士兵疲劳程度的信息中继给班长或部队指挥官配备的可穿戴智能接口，另外还可存储战后分析数据，为改善训练制度提供契机。英国诺丁汉特伦特大学的研究人员正在开发一种可集成在标准头盔盖或智能头盔上的噪声剂量计样机，通过将 MEMS 麦克风集成到纱线中，测量并记录野外战场上士兵所承受的噪声水平，其工作机理有助于防止听力受损。以色列国防军还在为野战军官研制新型便携式 C^2I（指挥、控制与信息）系统，该系统名为“杏仁”，将采用智能手机和智能手表相结合的方式，为军官提供关于己方和敌方部队的实时位置信息，以及对该区域的态势分析和路线建议。

（三）单兵战服与防护技术趋于多功能化

单兵作战服与防护也是国外未来士兵系统的研制重点。澳大利亚 2018 年 10 月披露的“未来战士”士兵系统配备的新型作战服集伪装、防弹和救护等功能于一体，采用快速自适应伪装技术，实现不同环境下的高效伪装和最佳特征信号管理；采用独特的质地和结构，可抵御爆炸破片；采用毫秒级响应速度的特殊形状记忆纤维，可对人体受伤部位加压止血，有效减少失血量。新加坡在 2018 年 2 月的亚洲国际防务展上展出的“陆军单兵生态型轻量化装备”士兵系统配有“高级研究设计型衣服”作战服，这种作战服采用轻型透气材料制成，旨在为热带和炎热气候环境下的作战士兵提供最佳的舒适度；“口袋与承载套件”，它设计成容积为 125 升的背包，采用离散框架以便与士兵背部同步移动，经优化适用于亚洲部队的人体测量学性能；“鞋底缝合热增强设计”战靴，能够增强人机工效、抓地力以及防水能力。

二、新技术新原理嵌入，助力枪械及弹药性能显著提升

国外继续推进枪械的更新换代，其中美国、俄罗斯、以色列、韩国等

国家还推出了多款新概念、新原理和新结构枪械及弹药。

（一）新枪械及弹药技术成发展亮点，轻武器火力得到明显改善

2018 年，俄罗斯基于 MTs – 116 步枪研制的新型 12.7 毫米无声狙击步枪可发射无声的大口径枪弹，不会产生火焰或噪声，将有望装备特种部队在城区环境下使用，可用于打击 300 米距离上穿戴高性能防护装备（高级别防弹背心）的敌军人员目标；韩国基于 K11 步榴合一武器研制的 Block 2 改进型结合了采用导气式自动原理的突击步枪组件及其上安装的无托榴弹发射器以及火控系统，将更广泛采用轻型高强度聚合物材料制成，使武器的空重减至约 5.5 千克，同时解决 K11 步榴合一武器在击发机构及其火控系统方面的缺陷，并使发射时的后坐力减小 40%；以色列银影公司研制的基利波“蛇”223 英寸双管步枪是一种概念武器，无需循环机构的延迟和后坐便可发射 2 发弹，以提升其火力能力。

为满足美国陆军下一代班组武器需求，美国达信公司研制的下一代班组武器—步枪（NGSW – R）和下一代班组武器—自动步枪（NGSW – AR）将配用 6.8 毫米埋头弹，用于替换 M4 系列卡宾枪和 M249 班组自动武器。与常规弹药相比，埋头弹的重量可以减轻 35% ~40%。另外，美国国际安全设备公司还研制出新型 40 毫米头部可伸缩的低致命弹，该弹采用模块化设计，借助头部可伸缩专利技术可大幅提高低致命弹的动能，测试结果表明其在 0 ~80 米范围内是安全的。

（二）小型导弹研发成果突出，制导化成步兵肩射武器未来方向

2018 年，步兵肩射武器呈现出制导化发展趋势，这些小型导弹质量均约为 10 千克（含发射器），最大射程约为 2000 米，适合单兵携带和发射，用于打击人员和装甲目标。

在 2018 年 6 月的法国国际防务展期间，MBDA 公司展出的“强制者”

是一种轻型、一次性使用的单兵轻型肩射导弹，该导弹弹径 89 毫米，导弹和发射器共重 9 千克，射程 2 千米，其引信有空爆、触发或触发延期三种模式可选，捷联式电子万向近红外传感器可为系统提供制导能力，发射后可持续锁定目标且具备“发射后不管”能力，可在封闭/有限空间内使用，主要用于打击战场或城区内静止和机动的轻型装甲目标以及掩体，还可攻击敌方狙击手，可用于取代单兵火箭筒等传统非制导武器。

美国雷声公司还在与瑞典萨博公司合作为“卡尔·古斯塔夫”84 毫米单兵火箭筒研制第一种制导弹药，该弹药名为“制导卡尔·古斯塔夫弹药”，它采用惯性 + 激光半主动复合制导，能够打击轻型装甲车辆、人员、建筑物、掩体等多种目标，圆概率误差小于 1 米，射程 30 ~ 2000 米，是现有“卡尔·古斯塔夫”单兵火箭筒弹药的 2 倍，有望用于满足美国陆军、海军陆战队和特种作战司令部的需求。

三、可穿戴外骨骼技术寻求功能拓展，满足多种作战需求

国外军用可穿戴外骨骼技术发展一直以增强士兵的负重、抓举能力为重点，而随着美国、俄罗斯等国家“第三只手臂”外骨骼的发展，可穿戴外骨骼功能已开始从单兵助力拓展成可帮助士兵持枪手臂稳定射击，另外还可与未来士兵系统集成使用。

（一）引入手臂外骨骼技术，帮助士兵持枪稳定精确射击

美国陆军研究实验室为提高士兵杀伤力而研制的“第三只手臂”样机采用碳纤维材料制成，重约 1.59 千克，无需电池，可通过战术背心连接到士兵的后部，将武器重量从士兵的手臂转移至腰部，使士兵只需单手就能完成瞄准和射击，还能有效降低持枪疲劳度，提高射击稳定性和精度，另

外还可帮助携带重约9.1千克护盾的士兵实现自卫，已于2018年3月14日由士兵穿戴完成手持重约12.2千克的M249和M240B机枪的试射，之后根据测试结果和士兵的反馈意见进行改进。俄罗斯也成功测试了一种带电机和蓄电池的可穿戴外骨骼，这种外骨骼可使穿戴者单手持机枪发射并精确命中目标。带电机的外骨骼的主要问题是缺乏具备必要特性的电池。俄罗斯专家正致力于改进这一领域。

（二）引入膝关节压力释放和动力采集技术，提高士兵持久作战能力

2017年底，美国密歇根大学对穿戴膝关节压力释放装置的人员进行跑步机上的负重爬坡行走试验。该装置采用自动化机电结构，由刚性和柔性组件结合而成，通过锂聚合物电池供电，配备控制盒。盒内装有传感器、软件和致动器，传感器用于收集穿戴者身体的运动和动力学信息，软件用于识别穿戴者的动作意图，致动器用于辅助穿戴者动作。穿戴者运动时，该装置通过计算机控制（人体动作作为计算机输入）对下肢进行主动支持，抵消人体腰背部和腿部受到的过度压力，为膝部提供更多动力，如有需要可通过轻触开关脱卸该装置。

在2018年5月7日至10日的约旦国际防务展上，加拿大仿生动力公司展出了其研制的“动力行走”动能采集器，其研制与测试主要由美国陆军、美国海军陆战队和加拿大国防部提供支持。“动力行走”动能采集器可从最少体能消耗的正常行走中产生足够的动力，动力输出为11瓦，可用于为电池充电，从而延长任务持续时间并减少所携带电池重量。该装置采用类似于混合电动车的再生制动系统。人走路时，肌肉不断加速并减速膝关节运动。利用这一原理，“动力行走”动能采集器利用制动辅助肌肉来减速膝关节运动并同时发电。该装置十分舒适，且采用柔性材料和专利追踪膝关节连接技术，不会对人体机动产生明显障碍。“动力行走”动能采集器可在偏远地区无限持续提供动力，通过减少携带电池的数量来为士兵减负，并可提高其任务灵活性，降低后勤需求。美国陆军纳蒂克士兵研发与工程中心已对该装置进行生物力学和人因测试。测试结果表明，在迄今评估的所有动能采集系统中，基于膝关节的动能采集方法的采集成本最低、单位功率最佳，未观察到机动损伤，且测量到的平均输出功率为11 瓦。

（三）与士兵系统集成，大幅减轻士兵负重

国外还致力于为士兵系统集成可穿戴外骨骼，如俄罗斯“战士”3、法国“菲林”、澳大利亚“未来战士”等未来士兵系统集成有可穿戴外骨骼，为士兵分担负重。

在2018 年8 月的“军队—2018”国际军事技术论坛上，俄罗斯中央精密机械制造研究所披露了被动式外骨骼的全面作战型样机。该外骨骼由轻型碳纤维制成，是一种带杠杆和转节的机械装置，形状类似于人的关节，能够在单兵负重50 千克（包括背包、专用装置、武器和弹药）长时间行军和实施攻击时，为其肌骨骼系统提供支撑。外骨骼样机已在叙利亚真实的军事行动中进行测试，并于2017—2018 年由俄罗斯国防部和内务部的特遣队以及俄罗斯执法机构的特种部队进行了测试。该外骨骼已与“战术”士兵组件完全集成，即将投入批量生产。

在2018 年2 月的新加坡航展期间，新加坡技术动力公司展出了其研制的“陆军单兵生态型轻量化装备”士兵系统的最新升级成果，其中“机器护甲”是一种非动力驱动的轻型外骨骼，采用人体工学设计，能够通过外骨骼将负重转移至地面，承担士兵站姿或卧姿时80% 的负重，同时利用士兵所产生的动能来维持最佳的机动能力，设计用于使部队能够携带更多负重行走更远距离，同时减轻疲劳程度并提高安全性。该外骨骼已在从行军到作战机动等真实场景中进行了测试，测试结果表明士兵的机动或反射表现不受任何影响。“机器护甲”与地面接触时工作效果最佳，在诸如人腿快速升降的奔跑等特定活动中表现效果不好，因此最适用于执行远距离行军或巡逻的士兵。

国外也在研发可集成外骨骼的新一代作战服。美国特种作战司令部正致力于研制的“塔罗斯”战术突击轻型作战服以可穿戴外骨骼为依托，集成电池组、光学夜视系统（含热像仪和像增强器）、双向通信系统、可制冷的背心，以及平视显示器等设备，从而大幅减轻士兵负重。

四、传统轻武器领域重视研发反无人机技术手段

随着无人机威胁加剧，国外开始重视拓展传统轻武器技术的反无人机能力。2018 年，轻武器弹药、单兵可穿戴装备等领域涌现出新的反无人机技术。

（一）40 毫米反无人机榴弹专用于对付小型多旋翼无人机

在 2018 年 2 月的新加坡航展期间，新加坡技术动力公司展出了其研制的 40 毫米反无人机榴弹系统。该系统由反无人机榴弹和导轨安装型装定器组成，其中装定器长 95 毫米、宽 45 毫米、高 60 毫米，重 350 克，通过 MIL – STD – 1913 附件导轨安装在步枪或榴弹发射器的 3 点钟位置，并配有一体式激光测距机；反无人机榴弹全弹长 125 毫米，重 243 克，专门用于对付可通过商业渠道获取的小型多旋翼无人机，其战斗部内部装填飘带，起爆后将飘带布撒到无人机的飞行路径上，以缠绕无人机的旋翼，最大射程为 600 米，但在 200 ~ 300 米射击距离内拦截概率最高，如果用于拦截更远距离的目标，则难以瞄准目标。为提高拦截成功率，射手可将榴弹设定在 3 个位置起爆。例如，如果目标在 100 米处，则可以将其起爆位置设定在

90 米、100 米和 110 米三处，这样可以使飘带散布于更广泛的区域。

（二）单兵可穿戴反无人机系统采用灵巧干扰技术摧毁敌无人机

2018 年 6 月，丹麦麦防御公司披露其最新研制的“斗牛犬”新一代可穿戴式反无人机系统。“斗牛犬”是当今市场上唯一一种可穿戴式反无人机干扰器，采用灵巧干扰技术摧毁敌方无人机，可在干扰时对其他信号的影响最小，从而保持自己的通信。“斗牛犬”覆盖 2. 4 ~2. 5 吉赫、5. 2 ~5. 8 吉赫和全球导航卫星系统等频段，未来还可利用有源外置天线覆盖其他频段；重量超轻、外形小巧，尺寸为（长 × 宽 × 高）60 毫米 ×90 毫米 ×165 毫米，质量仅为 775 克（不含电池）；电池待机时间 20 小时，持续干扰时间 2 小时；具有自动和手动干扰模式，干扰距离 1000 米；平均输出功率 2 瓦；即插即用，无需训练；可与麦防御公司 5 月推出的“僚机”103 可穿戴式无人机探测系统配合使用，借助“僚机”提供的探测信号自动开始干扰探测到的无人机的控制信号。“斗牛犬”是针对恶意无人机的有源对抗措施技术进步的一次重大飞跃，有助于最大程度减轻下车士兵的认知负担，成为下车士兵的理想武器。

（中国兵器工业集团第二一〇研究所　刘婧）

2018 年陆战无人系统技术发展综述

2018 年，国外陆战无人系统技术的发展主要体现在以下几个方面：顶层战略指出无人系统技术未来发展重点；广泛开展武装地面无人系统研发，逐步向实战化应用发展；仿生机器人技术取得突破。

一、美国发布新版《无人系统综合路线图》，提出无人系统技术发展重点

美国国防部于 2018 年 8 月发布第五版《无人系统综合路线图》，新版路线图总结出互用性、自主性、网络安全、人机协同 4 个发展主题，并围绕这 4 个发展主题梳理出多项支撑因素、挑战、未来发展方向和关键技术，推动无人系统向部队作战体系的进一步集成。

（一）互用性是一体化联合部队充分利用无人系统技术的基础

未来战争将依赖于作战系统之间关键且有效的交互。互用性可以建立并确保数据、通信网络和服务在全军作战系统中流通，及时地在信息采集者、决策者、规划人员和士兵之间传递信息。互用性的 5 项支撑因素是：通

用/开放式体系架构；模块化和零件互换性；合规性/试验、鉴定、验证和确认；数据传输集成；数据权限。在联合作战行动的愿景指导下，构建一个开发无人系统的综合方案将提高投资效率和作战效能。在有人和无人系统动态混合部队中，无人系统必须能够跨越系统和领域与其他无人系统及人类进行通信、信息共享和相互合作。在未来作战环境中，部队和系统必须在多个指挥层级、不同作战单元之间进行通信、信息共享和任务分派，并在战场上实时进行任务调整。

（二）自主性发展可使美军保持无人系统领域的技术优势

美国当前军事战略的重点是保持对对手的技术优势。鉴于自主技术的颠覆性影响，美军继续创新自主技术，以将无人系统集成到未来联合作战部队中。自主性是一个实体依据自身知识以及对外界、自身和环境的理解，在众多方案中独立确定并选择行动的能力。自主性的4 项支撑因素是人工智能和机器学习、提高效率和效能、信任、武器化。未来无人系统将包括遥控系统、自动系统到近乎全自主的多种自主系统，支持各类任务。自主无人系统将极大增强战场空间感知能力，可执行更多类型的任务，直接提高其作战能力。美国国防部“武器系统自主化”指令要求在设计自主和半自主武器系统时，允许指挥官和操作员对所用武力进行判断，并遵守战争法、相关条约、武器系统安全规则和相关交战规则。

（三）安全网络是无人系统关键能力的重点

当前各种关键任务能力越来越依赖信息技术，因此，管理信息技术并确保信息的安全、完整、可靠、可扩展及实用极为重要，信息系统安全成为各级指挥官的关注重点。这一问题在无人系统中尤为明显，因为无人系统本身高度依赖信息系统。鉴于无人系统自主水平及其与国防部整体军事战略集成度的持续提升，网络的实用性、可靠性和可扩展性对于无人系统越来越重要。安全网络的3项支撑因素是网络行动、信息保障、电磁频谱与电子战。由于无人系统具有自主性，可在通信和GPS拒止环境下作战，同时高度依赖频谱资源，因此无人系统面临比传统系统更严重的网络攻击和电子攻击风险，必须在研制初始阶段就将网络安全技术与装备充分集成，保持信息的完整性、实用性、安全性，增强电子防护能力。

（四）人机协同是无人系统纳入联合部队的有效方式

人机协同有助于美国实现“集成有人/无人力量，拥有世界上最强大的陆、海、空部队”的愿景。未来军事行动需要无人系统与人协同，包括飞行员、海军陆战队员、水手、士兵。人机协同的3项支撑因素是人机接口、人机编队和数据策略。此前，人机接口针对特定领域或装备开发，重点是单个无人系统控制，而不是任务或目标，因此人机接口需要改进以便检索可执行的信息，生成人和机器状态/意图的共享意识，实现灵活的人机协同决策，并促进异构成员之间的协调以进行编队。未来，人机接口能支持“人不在回路”“人在回路上”“人在回路中”等多种控制模式，一个操作人员能控制多个无人系统。人机编队的目标是通过将士兵的固有优势与有人和无人系统相结合，产生具有不对称优势的协同作用和能力。

二、广泛开展武装地面无人系统研发，逐步向实战化应用发展

美国、俄罗斯、法国等国家在武装地面无人系统方面均有动作，有力地推动了武装地面无人系统向实战化应用的步伐。

（一）系统规划无人战车开发工作，满足陆军现代化需求

美国陆军计划用轻、中、重型无人战车分别满足步兵旅级战斗队、斯特赖克旅级战斗队和装甲旅级战斗队建制能力需求。美国北极星防务公司

的 MRZR X 越野车被陆军选为步兵旅战斗队的地面无人系统之一。陆军还提出在下一代战车项目中开发遥控战车，并希望2028 年前能部署。遥控战车重量和速度将与“斯特赖克”装甲车相当，火力与 M1“艾布拉姆斯”主战坦克相当，其自主性分低和高两个等级，低级自主是指战车上没有人员，由士兵通过系留无线电链路对其进行控制；高级自主是指战车完全自主，利用人工智能和神经网络来进行控制。为此，美国将研究4 个技术领域：一是感知，感知并理解动态未知环境；二是智能，自主规划和执行军事任务，轻松适应不断变化的环境和场景，从先前的经验中学习，与团队成员分享共同的理解；三是人—机交互，通过三维环境操纵具有近乎人类灵巧性和机动性的目标；四是灵巧操作和独特机动性，通过三维环境操纵具有近乎人类灵巧性和机动性的目标。法国“蝎子”计划开展 VBAE 无人装甲车研究，该车将在 2025 年装备，用于替换现役 VBL 轻型装甲车。

（二）战场测试武装无人系统，接近实战化

俄罗斯军方确认在叙利亚测试了“天王星”9 无人战车，并在 2018 年红场阅兵中展出，该车配备自动炮、机枪、反坦克导弹等多种武器系统，火力打击能力较强。同时，“天王星”9 在叙利亚的测试暴露了多方面问题：一是遥控距离短，平均工作距离只有 300 ~ 500 米，测试期间与控制站失去联系 19 次，其中 17 次失联不超过 1 分钟，有一次失联达 1. 5 小时。在城市作战中，建筑物会阻挡无线电信号，系统控制问题会更加严重。二是遥控火控系统存在问题，30 毫米自动炮曾有 6 次发射延迟，并且一次完全失败。三是武器、光学器件和传感器在移动时不稳定且无法瞄准敌人，需要车辆先停止才能瞄准目标开火。四是悬挂系统稳定性差。另外，俄罗斯还进行了“战友”无人战车和“寄生者”武装机器人的测试，“战友”无人战车配备 1 挺 PKTM 式 7. 62 毫米机枪和 1 具 AG - 17A 自动榴弹发射器，“寄生者”武装机器人配备 1 挺 GSH 式 7.62 毫米机枪。

（三）持续推出武装无人系统，满足各类任务需求

2018 年，法国国际防务展展出了 3 款基于爱沙尼亚“忒弥斯”平台的武器机器人，分别配备 ARX 20 式 20 毫米遥控武器站、装有 2 挺机枪的 deFNder 中型遥控武器站、装有 2 枚多用途导弹的“冲击”炮塔，作战能力和用途多样。以色列通用机器人公司为其“杜高”机器人开发出一款低致命武器模块，包括：遥控胡椒喷雾模块，有效射程约 5.5 米，辣椒和不可见紫外线敏感染料可用于可疑目标识别；前置近红外探照灯；遥控致眩光模块，带有致眩光和战术灯；该系统还可引起接近人员的厌恶反应，昼夜有效作用距离分别为 5 米和 10 米。而“杜高”的标准配置是 1 支“格洛克”26 式 9 毫米手枪，携带 14 发子弹，用于反恐、人质营救、近距离作战、目标探测等任务。此外，哈萨克斯坦推出了装有 1 挺 NSVT 式 12.7 毫米重机枪和 2 具 RPG-26I“阿格伦”火箭筒的“卡拉库尔特”武装机器人。

三、仿生机器人技术不断成熟，寻求地面广泛应用

仿生机器人技术在军事领域具有其独特的优势，未来应用前景广阔。美国、以色列、日本等国家在大力开展仿生机器人技术研究。

（一）步行机器人能力不断提升，接近人类表现

美国波士顿动力公司在 2017 年展示了“阿特拉斯”后空翻能力和轮腿式人形机器人后，2018 年又展示了“阿特拉斯”机器人惊人的三连跳能力，即单腿轻松跃上单层平台且双腿交替依次跳上三层平台，其协调性与连贯性接近人类表现；该公司“斑点”四腿机器人已开始小批量试生产，将于 2019 年推向市场。美国幽灵机器人公司推出“视觉”系列腿式机器人，部

分型号可搭载并运送无人机系统，同时提供充电能力，解决微小型无人机续航时间仅为10～15分钟的难题。美国海军研究实验室研制出总重9千克以内的便携式四腿机器人，能够装入背包，方便士兵携带和部署使用，以更好地执行情报、监视与侦察任务。日本推出采用卷积神经网络控制算法实现自主行走、能实施组装作业的HRP－5P新一代人形机器人。

（二）其他仿生机理的应用扩展仿生机器人范围

受章鱼和其他无脊椎动物的启发，美国陆军研发一种灵活的软体机器人。该机器人既具备章鱼等无脊椎动物的灵活性和敏捷性，又能利用战场3D打印技术，有望在战场上快速打印制造。用于制作机器人的材料无需烘干、加热和组装，也不需要对使用人员进行培训，因此士兵可在任何需要的时间、地点制作和使用这种机器人。以色列开发的“机器蝙蝠”机器人采用一个超声波扬声器和一对超声波麦克风，模仿蝙蝠的回声定位，依靠自然激发的声纳在环境中自主导航，可根据回声信息通过机载人工神经网络构建周围环境，描绘出障碍物的边界和自由路径。“机器蝙蝠”是第一个完全自主的类蝙蝠仿生机器人。

四、无人机开始升级换代，无人机协同技术发展备受关注

美军注重无人机系统研发与部署，已经启动无人机替换项目。2018年7月，美国陆军发布“下一代无人机系统技术演示”项目第二阶段建议需求，开发可行的概念设计。美国海军陆战队计划2019年用RQ－21A“黑杰克”无人机替代RQ－7B“影子”。9月，美国空军继续升级MQ－9 Block 5“死神”无人机，首次完成自动起飞与着陆，提高了自主性、灵活性、战斗力和安全性。英国BAE系统公司完成第二架安装射流飞控系统的无人机，

该无人机采用射流飞控技术，无需襟翼、副翼、方向舵、升降舵等传统气动控制面，飞行过程中外形保持不变，仅通过控制射流流量和发动机排气方向即可改变飞机飞行姿态和航向，是飞控和隐身技术领域的重大创新。

无人机系统协同技术备受关注。2018 年 1 月，美国利用“协同和应急规划监控”系统完成单人对无人机集群任务的人在回路监控试验。试验中，该系统监控 2 架真实和 2 架虚拟 RQ－23 无人机集群在通信受限环境下执行情报、监视与侦察任务，验证了集群状态监测、自主人/机应急决策方案生成、紧急干预等功能。8 月，美国空军研究实验室开展“机动式有人/无人分布式杀伤机载网络”项目的软硬件开发工作，研发有人—无人系统编队技术。9 月，美国空中客车公司利用 DoDT25 靶机完成有人—无人系统编队技术试飞，验证利用有人机控制无人系统的能力。4 月，奥地利“坎姆考普特”S－100 无人直升机与 H145 有人直升机完成系列有人—无人系统编队飞行，其互用性达到 5 级。

（中国兵器工业集团第二一〇研究所　宋乐）

2018 年火炸药技术发展综述

2018 年，火炸药技术发展呈现出 4 个主要特点：一是富氮含能化合物合成、超高能含能材料合成工艺优化、性能测试等热点技术取得较大进展；二是适于规模化放大的新型火炸药制备工艺，推动火炸药低成本连续化生产；三是燃烧可控固体推进剂配方优化与点火技术，取得创新发展；四是火炸药基础技术研究与规划政策并举。

一、富氮含能化合物合成、超高能含能材料合成工艺优化、性能表征方法等热点技术取得较大进展

2018 年，国外火炸药技术研究范围依然涵盖了炸药、发射药、推进剂、烟火药剂四大技术领域，且技术领域广泛，涉及高能单质炸药与功能材料的合成与批量生产、新型制备工艺开发、火炸药配方优化、性能表征与预估等诸多领域。其中，富氮含能化合物合成、超高能含能材料合成工艺优化、性能表征方法等热点技术取得较大进展。

（一）美国、俄罗斯等国家合成出系列高能不敏感富氮含能化合物

富氮含能化合物合成方面，加拿大渥太华大学合成的 2，3，5，6 – 四

(1H－四唑－5－基)吡嗪(H_4TTP)富氮含能化合物，氮含量较高(为71.58%)，能量较高，爆速可达8655米/秒，爆压为28.0吉帕；俄罗斯制得的多硝基、多氟新型吡唑联四唑富氮含能化合物，爆速可达8470～8990米/秒，爆压为31～36吉帕，均高于黑索今；美国采用三步法合成的3，5－双(二硝基甲基)－1，2，4－三唑(BDT)及其富氮离子盐，具有较高爆速(8347～9086米/秒)、爆压(27.3～38.7吉帕)，撞击和摩擦感度均低于黑索今；德国采用六步法合成的1－氧－3，5－二氨基－4，6－二硝基哒嗪富氮含能化合物，撞击感度、摩擦感度、爆速、爆压与1－氧－2，6－二氨基－3，5－二硝基吡嗪(LLM－105)相当，热稳定性提高，静电火花感度降低。上述新开发的富氮含能化合物均是极具应用潜力的高能不敏感单质炸药。

(二)高张力键能释放材料合成工艺显著改善

聚合氮、聚合一氧化碳、氮原子簇等超高能含能材料的合成条件非常苛刻，需要超高压和超高温条件，如聚合氮的合成条件是压力不低于110吉帕、温度不低于1727℃，且压力降低时会变得极不稳定。美国在聚合氮、聚合一氧化碳、N_8合成工艺优化方面取得较大进展，合成条件显著改善。美国陆军研究实验室联合华盛顿州立大学开发出3倍奥克托今当量新型超高能炸药——一氧化碳—氮气聚合物晶体。该炸药能在45吉帕、1427℃下通过激光加热一氧化碳、氮气混合物制备而成，制备条件显著改善，压力和温度远低于聚合氮的制备条件(110吉帕、1727℃)；美国采用气体掺杂技术在实验室制得氢气掺杂聚合一氧化碳超高能含能材料，是将掺杂10%氢气的一氧化碳气体在30吉帕下制得，该制备压力仅为纯聚合一氧化碳制备压力的1/2，实验室合成规模为1～5毫克，可初步满足产物性能表征要求；美韩联合使叠氮肼在40吉帕下制得N_8全氮材料。

（三）提出快速便捷的性能表征技术

性能表征技术方面，美国采用含能材料激光诱导空气冲击波法表征CL－20基炸药的爆速，该方法用脉冲激光代替爆轰，仅需数十毫克试样即可快速表征炸药老化性能，可快速预估库存弹药内装炸药的性能；捷克开发出基于无源光纤的爆速测量系统——OPTIMEX，该系统使用多个具有独立信号的探测器，可实现炸药爆速的快速精确检测。

二、新型火炸药制备工艺，推动火炸药低成本连续化生产

新型火炸药制备工艺具有低成本、绿色、安全、连续化程度高等优点，有利于推动火炸药的低成本连续化生产。近些年，美国、欧洲等大力度开展了相关研究，并于2018年取得创新发展，推出了含能材料增材制造技术、增强型爆破炸药水浆包覆新工艺、NTO连续化生产工艺、二氨基乙二肟低成本安全制备工艺等新制备工艺。

（一）增材制造技术成为火炸药精密高效安全制备新途径

含能材料增材制造技术是以数字模型为基础，将含能材料浆料逐层打印、沉积形成含能材料产品，美国、印度等国家在复杂内孔形状高能复合固体推进剂、微量铝粉/氧化铜纳米铝热剂精密安全制备方面取得重大进展。美国普渡大学新开发出纳米铝热剂双喷嘴喷墨打印技术，是将纳米燃料和纳米氧化物分别装在两个喷嘴中，在打印过程中实现两者的原位混合、沉积。喷嘴下方的平台能够以0.1微米的精度移动，墨水体积控制精度可达皮升。打印前，含能材料组分无需预先混合，不会发生危险化学反应，有助于显著提高制备安全性；印度科学研究院采用单喷嘴喷墨打印技术成功制得具有复杂内孔形状的复合固体推进剂。推进剂制备过程中无需使用芯

轴，不受内孔形状限制，可制得不同复杂内孔形状的推进剂药柱。通过依次打印不同能量密度的推进剂浆料，或调整孔隙内填充物的种类、密度，可使固体推进剂药柱能量沿轴向递变，实现燃烧可控或燃速渐变，满足新型弹药对特定或可控推进的需求。

（二）美国采用水浆包覆新工艺提高增强型爆破炸药制备安全性与产能

美国霍尔斯顿陆军弹药厂新推出的高铝含量增强型爆破炸药水浆包覆新工艺，能避免铝粉与水发生反应放出氢气，且无需采用高成本水替代流体，可提高制备安全性、降低成本，同时适于开发更多类新型高铝含量炸药。大致流程是：溶剂、黏结剂、增塑剂初步混合后加入搅拌釜，在釜中搅拌均匀；向釜中加入铝粉，继续搅拌制得漆状物；制备奥克托今水浆；将漆状物和奥克托今水浆一同加入造粒/包覆釜内，搅拌制得增强型爆破炸药颗粒；将炸药颗粒倒入吸滤器，脱水干燥。造粒包覆、脱水干燥等过程中，无氢气产生。该工艺适于规模化放大，批产能已提高到136.1~226.8千克，可实现PAX-3、PBXIH-18等增强型爆破炸药的批量生产。

（三）美法推出适于规模化放大的单质炸药制备工艺

欧洲含能材料公司NTO连续化生产工艺包括硝化、稀释、结晶、过滤、干燥等步骤，能生产不同等级3-硝基-1，2，4-三唑-5-酮（Ⅱ类、Ⅲ类和Ⅳ类）和特殊品质的CF类3-硝基-1，2，4-三唑-5-酮，年产能超过200吨，安全性显著提高，三废产生量明显减少；美国陆军新开发的二氨基乙二肟（DAG）低成本安全制备工艺，可将产物得率从40%提高到77%~80%，且安全性高、成本低，为二氨基乙二肟的大规模生产铺平了道路。

上述成果的取得，将提升美国陆军霍尔斯顿陆军弹药厂PAX-3、PBX-IH-18、PAX-30、PAX-42等高铝含量增强型爆破炸药的产能并降低生产成本，提升欧洲含能材料公司 NTO 连续化生产能力，增强美国、印度等国家精密安全制备复杂药型结构火炸药的能力，推动常规与未来新型武器装备的发展。

三、燃烧可控固体推进剂配方优化与点火技术，取得创新发展

燃烧可控固体推进剂技术是智能弹药实现可控推进的关键，美国近些年持续进行此方面的研发，推出了可用电压控制推进剂点火或熄火的固体推进剂技术，并在小型发动机上进行了验证。2018 年，美国在燃烧可控固体推进剂配方优化与点火技术方面取得创新发展。

（一）美国通过优化配方提高电压控制固体推进剂综合性能

美国数字固体推进有限责任公司优化了电压控制燃烧可控固体推进剂配方，选用的系列添加剂包括硼酸、有机硅烷、聚羟基化合物、环状糖类或无环糖类、多功能胺、磷酸盐、富氮化合物、纳米金属氧化物、纳米工程燃料。通过优选组分、优化组分含量，可优化推进剂制备工艺，将推进剂 6. 89 兆帕下的燃速从 25. 4 毫米/秒提高到 254 毫米/秒，提高推进剂 -65 ~ 70℃ 下的拉伸强度和弹性模量，改善安全性。

（二）雷声公司推出微波点火电压控制固体推进剂

美国雷声公司发明微波点火电压控制固体推进剂。该类电压控制推进剂可采用微波点燃，发生自持燃烧并产生高压气体。推进剂配方中包括用作自由电子源的导电颗粒、极性分子。输入的微波会在衰减区积聚电荷，并以介质击穿的形式放电，产生局部随机定向电流。极性分子位于衰减区，会吸收微波能并快速振动，从而提高推进剂的温度。当推进剂点火表面的温度和局部电流密度提高到一定程度，即可点火并持续燃烧。

这些新进展将推动燃烧可控固体推进剂技术的快速发展，进而加快可控推进智能弹药的研发进度。

四、火炸药基础技术研究与规划政策并举

基础技术是火炸药领域的发展重点，其发展离不开规划政策的指导与管理。2018 年，国外在大力推出系列合成、制备、测试、预估技术成果的同时，出台了系列规划政策，以指导火炸药技术的长期、稳健发展。美国陆军公布了研发、试验与评估计划项目，总结已完成技术成果的同时，提出了 2018—2109 年发展计划，涉及先进含能材料创新、战斗部/能量学技术、颠覆性含能材料与推进技术、未来新型推进技术、含能材料规模化放大技术等方面。法国武器装备总署推出“针对新采办的不敏感弹药等级说明”的总原则，是参照北约 STANAG 4439 标准系统研究最合理且可实现的安全等级，研究更适于人员和财产的国家安全政策，火炸药监管局加强不敏感弹药规范流程，法国陆军正式批准特定不敏感弹药和相关里程碑节点；弹药安全信息分析中心通过系列研讨会和技术交流会推动不敏感弹药技术的发展，包括支持不敏感弹药与危险分类协调计划，利用放大试验和模拟技术推动定量分析方法，开发改进的火炸药与弹药危险管理方法，更新火炸药与弹药危险标准等。

（中国兵器工业集团第二一〇研究所　范夕萍）

2018 年陆战光电技术发展综述

2018 年，陆战装备光电技术依旧以高功率激光、高功率微波、精确制导、分布式态势感知、视觉增强等技术为发展热点，同时国外通过发布信息需求与小企业创新计划等推动关键技术和基础技术攻关。

一、技术需求推动陆战光电技术发展

美国等国家持续关注陆战光电技术发展，美国国防高级研究计划局、陆军等政府机构通过发布信息需求、开展小企业创新计划研究等方式，向工业界寻求创新技术，推动地面、空中、单兵等多个领域陆战光电技术发展。

（一）军方发布信息需求寻求新技术

2018 年 3 月，美国国防高级研究计划局发布信息需求，寻求新型城区感知技术。该需求将支持未来国防高级研究计划局的相关计划，帮助提升城区感知能力。国防高级研究计划局主要关注传感器功能、传感器封装、独特和赋能的传感器技术、传感器技术成熟度、作战概念和系统经济可承受性等，尤其是低成本、小型化传感器和传感器封装设计，且技术成熟度足以支持未来1～2年的试验。公司、大学、非营利性研究中心、美国政府实验室、外国实体和个人均可对此需求做出回应。

（二）小企业创新计划支持基础技术发展

在2018年公布的几批小企业创新计划中，美国各军种和机构提出了多项陆战光电技术领域的计划：陆军，提出开展空投作战用态势感知传感器、下车士兵视觉增强技术等研究，目的是增强自然视觉，在模糊不清或肉眼难以观察的军事相关环境中，辅助视觉探测、识别和捕获目标、友军及其他感兴趣的事物；空军，提出开展广域监视与告警、可视化实时情报监视侦察与态势感知、具有电子可调谐窄带光谱响应的中波/长波红外探测器、用于红外导引头的高工作温度中波红外探测器等研究，目的是提高实时广域情报、监视与侦察任务的感知构建和态势感知能力；导弹防御局提出光子敏感摄像机、用于小型惯性测量组件的先进高端陀螺仪等研究，目的是加强反导拦截作战能力。

二、高功率微波技术成功应对无人机群

高功率微波技术能够利用高功率微波烧毁进入波束内所有无人机的电子元器，具有良好的反集群无人机能力，是近年来国外重点研究的反无人机技术之一。2018年，美国陆军成功对高功率微波技术开展了反无人机试验，并计划在现有技术基础上，拓展高功率微波技术在无人机上的应用。

（一）高功率微波武器技术应对无人机群

2018年3月，在美国陆军火力卓越中心的机动火力综合试验中，雷声公司利用“相位器”先进高功率微波武器成功击落33架无人机，系统每次

击落2架或3架，表现出良好的集群应对能力。定向能武器的交战速度快且成本低，雷声公司已耗时数十年完善高功率微波系统，该系统将在应对无人机威胁方面提供明显优势。该公司还与美国空军研究实验室签订一份价值200万美元的合同，合作测试和演示高功率微波反无人机技术。

（二）发展无人机载高功率微波武器技术

2018年8月，美国陆军与洛克希德·马丁公司商讨研制用于新一代无人机的高功率微波武器，希望利用该武器摧毁或破坏敌方无人机。洛克希德·马丁公司将研制高功率微波机载反无人机系统，具体工作包括将高功率微波武器配装到无人机上所需的开发、集成和支持。陆军希望洛克希德·马丁公司研制出的高功率微波武器和其他无人机载荷能够破坏或摧毁敌方无人机。目前考虑在内的无人机武器载荷包括炸药、网、缠绕装置、长条带和高能微波系统。

三、战术激光武器搭载平台进一步小型化

高能战术激光武器技术经过数十年的发展，已较为成熟，国外研发重点已从样机研制转为作战试验和性能水平提升。美国国防部从2017—2019财年对该领域的研发投入从2.6亿美元增至5.23亿美元，其中陆军投入从4500万美元增至1.12亿美元，主要目标是提高功率水平，缩小体积、重量和功耗，将激光武器搭载到更轻型的平台上进行试验，使高能战术激光武器技术的应用范围更广、作战使用更为灵活。

（一）中型车载激光武器功率向100千瓦提升

根据美国陆军高能激光战术车辆演示项目的合同，雷声公司和洛克希德·马丁公司团队分别研制100千瓦级激光武器系统。双方将集成初始设计

样机，在中型战术车族卡车上进行演示。该项目是美国陆军间瞄火力防护能力“增量”2 Block 2 计划的一部分，旨在应对无人机、火箭弹、炮弹和迫击炮弹。项目最终将于2022 年测试，可完全集成在美国陆军中型战术车族上的100 千瓦级机动激光武器系统。

（二）全地形车搭载激光武器开展试验

美国雷声公司将多光谱瞄准系统与便携式激光武器安装到北极星公司的 MRZR 全地形车上，使该车具备了有效应对无人机的能力。新系统名为高能激光武器 – MRZR 系统，包括激光武器、先进监视装置和 MRZR 全地形车。系统全重不超过700 千克。与之前美军开发的各式粗笨重大的陆基激光武器系统相比，该系统已取得了革命性的突破。

（三）便携式激光武器升级至2.6 型

2018 年6 月，美国海军和海军陆战队在尤马试验场测试波音公司的最新改进型紧凑型激光武器系统2.6。整套系统封装在小型集装箱内（体积约为ISO 集装箱的1/4），包括指挥控制系统、火控组件和IPG 公司的2 千瓦激光器。系统可由便携式计算机和手持式自由移动控制装置进行操作，可用于跟踪和摧毁无人机。

四、三模末制导技术技术步入实用化

2018 年4 月，美国完成了首款采用三模末制导技术的“小直径炸弹”Ⅱ的最后一次开发试验，验证了该炸弹在恶劣气象条件下精准识别目标并实施精确打击的能力，这标志着三模末制导技术已基本成熟，为战术飞机打击移动/可重新定位目标和静止目标提供了新技术手段。三模末制导导引头是“小直径炸弹”Ⅱ的关键组成部分，集成毫米波雷达、非制冷红外成像、半主动激光三种制导模式。导弹接近目标时，可根据战场环境选取最佳的制导模式，实现复杂环境下的精确寻的。

三模末制导技术克服了单/双模式制导受环境限制的问题，可显著增强武器系统打击精度及抗电磁、光电干扰能力，使其具备全天候“发射后不管”能力。三模导引头解决了大容量多波段信号处理和多波段透波头罩技术难题。三模导引头的核心技术包括大容量多波段信号处理技术和多波段透波头罩技术。三模末制导导引头的处理系统需对不同波段传感器提供的大量目标信息进行综合分析并提取目标特征量，对处理性能提出了极为苛刻的要求。头罩要求能透过包括雷达、光学等多个频段的信号，同时材料必须具有耐高温、高热传导率性能。三模末制导导引头赋予“小直径炸弹”Ⅱ优异的作战能力。采用三模末制导导引头的“小直径炸弹”Ⅱ具有以下特点：一是战场适应能力强。三模末制导导引头能根据不同的战场环境自动切换制导模式，既可实现全天候攻击地面目标，又能有效对抗多种干扰和欺骗；二是制导精度高。结合了红外制导系统的成像制导识别，射频制导系统作用距离远等优势，制导精度由“小直径炸弹”Ⅰ的5～8米提高到当前的3米，试验中可达到1米；三是作战灵活性高。载机既可为携带的“小直径炸弹”Ⅱ分别加载不同的目标数据以攻击多个（F－22可同时攻击6个）地面目标，也能为不同的“小直径炸弹”Ⅱ装订相同的目标数据以实现多个炸弹连续打击同一目标。

五、车辆分布式感知和虚拟/增强现实技术进一步成熟

利用车辆分布式感知和虚拟/增强现实技术，装甲战车可实现封闭舱作战，使火力打击、态势感知、战场生存能力大幅提升。相关技术的进一步

成熟甚至能改变战车操控方式，带来装甲装备新变革。

（一）可实现“观瞄打”功能的装甲透视技术步入实用化

2018 年 8 月，乌克兰透明装甲公司研制的采用装甲透视技术的“陆战平台现代化组件”在 T-64 主战坦克上完成作战试验。“陆战平台现代化组件”由车载摄像机（包括 4 组光电摄像机和热像仪）、集成全息透镜的增强现实作战头盔、主微处理器系统、输入/输出接口、指令快捷键、专用软件等组成。运行时，主微处理器系统融合车载摄像机的感知信息，形成车外环境的全景实时图像，同时通过输入接口从车辆子系统（火控、通信、车电等）、无人机等获取探测、任务、目标、交互提示、敌友位置等其他信息。这些信息经主微处理器系统叠加投影至全息透镜，形成包含车外环境和指示信息的增强现实图像。车辆乘员依据上述战场态势图和人工智能辅助决策，利用指令快捷键输出指令，完成作战任务。

相关技术具有如下特点：一是提高乘员态势感知能力。乘员通过车载摄像机可昼夜实时观察 300 米内、360°视场的战场环境，还可与无人机和其他装备互联互通，全面掌握战场态势，避免视场“盲区”，提高生存力。二是实现自动跟踪与定位目标。根据战场态势图的目标标记与视频信号，自动识别并突出显示敌友位置，跟踪、锁定目标。三是缩短武器系统打击反应时间。利用人工智能技术，简化乘员决策流程，制定最佳决策方案，缩短“传感器到射手”时间，实现快速打击。

当前装甲装备在侧面和后部存在乘员视场受限（如美国 M1A2 SEP 主战坦克驾驶员视场仅 120°）、车辆及其乘员易遭受敌火力打击、车辆机动时火力打击精度低等问题。装甲透视技术可以很好地解决这类问题。下一步，乌克兰将继续完善装甲透视系统，增强实时视频流图像稳定性，并将其与告警、主动防护、战场管理等更多子系统集成，扩大探测范围，提高探测精度，融合更多信息源信息。这些问题的解决将促进装甲透视技术更好地应用于装甲装备，增强态势感知和快速精确打击能力，提升智能化水平。

（二）霍尼韦尔公司采用虚拟/增强现实技术开发无窗战车

美国霍尼韦尔公司开发的战车用虚拟现实与增强现实技术，使驾驶员能够利用头戴式耳机和环绕式显示器“透过”车辆装甲“看到”周围战场环境，还可通过叠加关键信息（如敌人的移动和前方的安全路线）来增强其“视觉”。采用虚拟/增强现实技术的未来战车与当前坦克的外观及操作完全不同，作战人员能够在无窗的封闭舱中具备先进的战场态势感知能力，免遭战场威胁，具备较高的生存力。

虚拟/增强现实技术是美国国防高级研究计划局“地面 X 战车”项目开发的一部分。该项目将为类似未来全地形车的平台提供与坦克相当的防护能力。增强现实技术可将速度、行驶方向和位置等关键数据叠加，使驾驶员能够获悉敌方动向、避免被发现的最佳路线、即将到来的困难地形等数据，在增强驾驶员“视觉”的同时提高人员安全性。

六、可视化显示和视觉增强技术提升单兵作战能力

战场可视化技术可为士兵提供更直观、翔实的战场信息状况，对辅助士兵进行目标探测和识别，增强士兵生存力和杀伤力具有重要的作用。2018 年，国外对士兵视觉增强技术和地雷探测可视化技术提出需求，希望新研制能够增强士兵自然视觉的护目镜和能够将音频信号转换为视觉信号的探雷器。

（一）美国陆军寻求下车士兵视觉增强技术

2018 年 9 月，美国陆军提出开展下车士兵视觉增强技术研究，寻求利

用新研制的护目镜系统增强士兵的自然视觉，在模糊不清或肉眼难以观察的军事相关环境中，辅助士兵探测和识别友军及其他兴趣事物，并进行目标捕获，增强士兵杀伤力和生存力。

集成至护目镜系统的技术将保留传统的人眼防护性能特征（包括弹道破片人眼防护功能、防紫外线功能、符合 ANSI Z87.1 护目镜测试标准等）和态势感知能力，且不会增加整体认知负荷或产生对视觉感知和注意力等其他方面的不利取舍。相关技术将使用非可见光（紫外、近红外、红外等）、声音、增强图像处理等技术，借助透镜增强自然视觉，不会妨碍士兵自然视野。图像增强功能以半透明的形式叠加在视野中，以增强自然图像的特征，或以其他方式突出背景中感兴趣的物体。叠加显示可利用边缘、形状、阴影、颜色、纹理、图案、偏振、反射、发射或其他图像特征来实现。在设计上，将根据佩戴者的瞳孔位置，优化性能和与武器技术的兼容性。

（二）美国陆军寻求地雷可视化探测技术

2018 年 1 月，美国陆军寻求改进手持式地雷探测器，通过将表征地雷存在的音频信号转换成视觉显示，提升跟踪能力。当前士兵主要依靠音频线索来查探地雷，并对其进行标记以进一步侦察。采用新技术后，士兵可获得勘察区域的彩色图像，如大型金属物体可以用红色来定义，它会出现在屏幕上，其位置也可以清晰地显示。新技术使部队能够在地球物理信息的基础上创建可疑雷区的视觉布局，方便士兵标示相关区域以进一步调查并加速其他传感器的标定。

七、元器件和基础技术创新，为多色聚焦和深度感知提供潜力

通过研究波浪型晶体管、超透镜、硅图像传感器等新型元器件，以及

对新的光子作用和深度成像技术的探索，有望在量子计算、车辆导航、态势感知等技术领域获得作战能力提升。

（一）新的光子作用为利用光子进行量子计算提供了可能

2018 年 2 月，美国麻省理工学院和哈佛大学研究发现，光子可以互动、吸引并粘在一起形成全新的光子物质，这为利用光子进行量子计算提供了新的可能。

非常微弱的激光束穿透高密度超冷铷原子云之后，2 个或 3 个光子会结合在一起形成光子团，光子不再保持单个、随机空间分布的状态。这一现象表明，光子在铷原子云中发生了某种互动或吸引。一般情况下，光子没有质量，以光速传播，离开铷原子云的光子团实际上获得了一小部分电子的质量，速度变慢，比正常光子慢了大约 10 万倍。如果光子能像普通物质中的原子那样相互吸引、相互排斥，那么光束便可以相互推拉，甚至不同方向的两束光也可以在相遇后合并。这一研究成果赋予光粒子更多的应用潜能，光粒子的交互作用可用于执行极其快速、复杂的量子计算。

（二）波浪形设计晶体管输出功率较传统晶体管阵列提高一倍

2018 年 1 月，沙特阿卜杜拉国王科技大学设计出一种波浪形晶体管阵列，并利用该阵列驱动发光二极管，其输出功率较传统晶体管阵列提高 1 倍，使发光二极管在功耗未增加的前提下更亮。

波浪形晶体管阵列采用非平面设计，可使单位面积上组成阵列的晶体管数量增加 70%，大幅提升晶体管阵列性能，用于智能手表、移动设备和电视，可实现超高清柔性显示。这种阵列还可实现单个小型器件尺寸和形状的动态配置。

（三）超透镜代替传统堆叠透镜，将所有可见光同时聚焦

2018 年 1 月，美国哈佛大学开发出超透镜，这是首个能将所有可见光

（含白光）同时聚焦到同一位置的平面透镜。此前，只能通过堆叠多个传统透镜实现这一效果。

在利用透镜成像的过程中，可见光在透镜中的传播速度及成像焦距均取决于波长，不同波长的可见光不会同时聚焦于同一位置，这就导致了成像时的色差和图像失真。可聚焦多色光的超透镜结构简单、体积小，以单一平面薄透镜实现复杂、多组镜头的性能，使光学成像系统的体积和重量大幅减小，未来可用于虚拟现实和增强现实等领域，提高态势感知能力。

（四）可柔性铺设的硅图像传感器突破硅基传感器无法制成大曲率表面的限制

2017 年 11 月，美国威斯康星大学和得克萨斯大学采用类似折纸的新工艺，制成直径为 7 毫米的碗形/圆顶形硅图像传感器。该技术突破了当前硅基 CCD 和 CMOS 传感器无法制成大曲率表面的限制。

传感器的制备过程为：将柔性硅纳米膜附着在柔性衬底上；在纳米膜上将正六边形传感器布设成彼此相连的阵列；利用激光将布设有传感器阵列的纳米膜精确剪裁出特定形状。如果要制备碗形硅图像传感器，就在穹顶形模具内壁铺设成型；如果要制备圆顶形硅图像传感器，就在穹顶形模具外壁铺设成型。这种六边形传感器阵列适应性好，可根据不同任务需求定制，所有接缝处可完美无缝嵌合，与模具共形。这种技术可简化光学系统设计、兼顾大视场和高分辨率、减少对图像后处理的依赖，提高战场态势感知效能。

（五）浓雾穿透成像技术利用统计学方法实现深度成像

2018 年 3 月，美国麻省理工学院开发出一种浓雾穿透成像技术。该技术巧妙利用统计学方法，透过浓雾对目标进行成像。该技术已在实验室环境下通过验证，在能见度只有 36 厘米的极端浓雾场景下，系统测量距离可达 57 厘米。对于自主车辆导航系统而言，能见度差是其发展的主要障碍之一，浓雾穿透成像技术是解决这一问题的重要突破。

（中国兵器工业集团第二一〇研究所　李雅琼）

2018年陆战装备电子信息技术发展综述

2018年，电磁频谱、网络空间以及电子战仍然是国外陆战装备电子信息技术领域发展的重点和热点，这些技术或领域之间存在着千丝万缕的联系，在武器装备部署、作战使用上需要协调配合，因此融合发展的程度进一步加深；出于对网络空间安全和信息安全的担心，国外开始从硬件、软件以及配置、流程等方面进一步提高计算的“可信”程度；从政府到军方再到科研机构都把人工智能以及机器学习等相关技术作为研究的重点，积极探索在军事上态势感知、电子战、网络空间等不同方向的应用；此外，美国继续推动战术网络的调整，并持续关注人工智能技术的发展及其军用前景。

一、电磁频谱受到更多重视，着力提升其管理能力和利用效率

电磁频谱是战场上的稀缺同时又具有战略意义的资源，敌我双方都要尽可能地利用电磁频谱来实现信息的获取、传输和利用，同时也要尽可能地限制对方。谁能够在电磁频谱领域占据优势，那么谁就更有可能拥有信

息优势，从而为最终的胜利奠定基础。

电磁频谱是联合部队之间实现协同作战的物质基础。因此，各国军方越来越认识到电磁频谱所具有的战略价值和重要性。美国等国家在2018年继续改进获取电磁频谱的效率，改善和优化电磁频谱使用流程，提高频谱相关工作的灵活性和自适应程度，并在尝试将频谱管理、网络行动、电子战、网络空间行动和情报行动进行整合，从而实现近实时和实时地采取最佳的电磁频谱行动。

（一）美国陆军通过电子战项目提升电磁频谱管理能力

2018年7月，雷声公司获得美国陆军合同管理司令部一份价值4900万美元的合同，开发最新版本的“能力投放4”电子战项目管理工具，并对之前版本进行部署和维护。电子战项目管理工具专注于对电磁事件的观察和理解能力，其网络空间与电磁作战管理功能可以共享关于电子战、电磁频谱和网络空间战的态势理解或认知，并提供对这些系统的管理和控制方法。网络空间与电磁作战管理功能还可以让电子战指挥官确定如何在不被干扰或发现的情况下开展电子战和网络空间战行动，干扰敌方的通信和破坏网络空间战发射器。该工具也是美国陆军集成电子战系统的一部分，旨在帮助陆军官员协调通过战术网络连接在一起的分布式电子战系统，不仅有助于将电子战系统与火炮连接，还有助于实现地空电磁频谱行动的同步。电子战项目管理工具项目自2014年开始就已成为陆军备案项目，包含4个增量或能力投放工具，其中“能力投放3”和“能力投放4”均与频谱管理和网络空间态势感知有关，将网络空间与电磁频谱感知功能集成到电子战项目管理工具中，使战场指挥官能够利用现场探测到的敌方传感器网络空间漏洞实施干扰。根据此次签订的合同，相关工作定于2022年9月完成。陆军希望借此升级电子战规划系统，使其具备复杂的射频电磁频谱管理能力和利用敌方战场电子设备弱点开展攻击性网络空间战的能力。

（二）美国陆军发布2025—2040年网络空间与电子战行动概念

2018年1月，美国陆军训练与条令司令部发布525-8-6号文件《美国陆军网络空间与电子战行动概念（2025—2040）》。该文件拓展了525-3-1《美国陆军作战概念：在复杂世界中获胜》提出的思想，将陆军网络、电子战和电磁频谱全面整合，实现多领域同步和协同作战。文件阐述了陆军未来作战环境、主要威胁、挑战和发展重点，虽然并未提出能够引导网络和电磁频谱行动的明确解决方案，但是描述了陆军如何为指挥官和参谋提供基本实现增强陆军部队综合性网络空间行动的能力。这份纲领性文件的发布为发展陆军未来的网络和电子战能力奠定了基础，提出了美国陆军网络空间、电子战和频谱管理未来的能力需求、发展愿景、训练方式和战术应用。

（三）美军继续推动频谱协同挑战赛

美军正在寻求利用自主技术和人工智能改善频谱管理、满足军用和民用领域日益增长的射频通信需求。为此，国防高级研究计划局继续推进频谱协同挑战赛，期望借此确定自主无线电系统是否能够以迄今无法想象的灵活性和速度管理射频频谱。与现有技术相比，基于人工智能可以更有效率地进行频谱分配。频谱协同挑战赛分为3个阶段，并在每一阶段结束时举行一次比赛。第一次比赛已在2017年12月举行，排名前10位的团队每队获得75万美元。第二阶段比赛则在2018年12月举行。第三阶段将在美国举办的2019年世界移动通信大会期间，与全球移动通信系统协会共同举办决赛。届时，在面对其他竞争电台时，最可靠地成功实现通信的电台设计团队可以获得多达300万美元的奖励。比赛结束后，各方对于如何使用频谱协同挑战赛的技术有着不同的期望。通过征求和获取这些意见，国防高级研究计划局可以选取最好的概念，并将其加入到频谱协同挑战赛中，从而模拟美军面临的实际问题。

二、信息安全依然是关注重点，通过多种途径确保“可信计算”

随着网络空间威胁变得越来越严重，对于网络空间安全以及信息安全的重视程度正在逐渐提升，军方和相关机构期望能够有效确保信息系统或工作过程是“可信”的，即实现所谓的“可信计算”（Trusted Computing）。2018 年，美国国防高级研究计划局等机构正在从软件、硬件以及供应链等角度来提高信息系统的安全性和可靠性。

（一）美国探索基于硬件的信息安全方法

2017 年底，美国国防高级研究计划局启动了“通过硬件和固件集成实现系统安全”项目，旨在确保计算机硬件的安全，减少受到网络空间攻击的漏洞，并防止利用硬件漏洞的软件攻击。美国军方感兴趣的是将计算机硬件限制在安全状态下同时保持系统性能和能力的安全方法。上述项目的关注重点是微架构层面上的硬件安全，美国军方期望在确保安全的前提下同时不影响系统的性能和能力。

2017 年 11 月底，美国国防高级研究计划局与美国洛克希德·马丁公司任务系统分部、德雷珀实验室等 5 家机构签订合同，将开发具有内置网络空间安全性和可信计算能力的硬件设计工具。该项目中开发的安全架构使得现有应用软件无需修改或稍作修改就可在安全硬件上运行。此外，这种架构还需要具备可扩展性，能够适用于从小型超低功率系统到大型高性能系统的各种应用。

（二）通过系统优化配置减少网络空间攻击

2018 年，为降低商用现有组件和子系统在军事应用中易受到网络空间攻击和其他可信计算等问题，美国国防高级研究计划局启动“配置安全”项目，旨在开发能够自动分析和改进复杂系统配置的技术，以减少网络空间攻击的机会，同时确保可信计算特性和预期的系统行为。项目开发的方法将能够在军用平台上实现组件和子系统配置的自动生成、部署、调整和实施。这些配置集合将有助于弥补系统漏洞，从而最大程度减少不必要的网络空间攻击途径，同时保持系统的功能和性能。

通过将每个组件的配置视为影响系统行为和安全性的一个要素，美国国防高级研究计划局研究人员正在寻找有助于防务公司开发更安全可信计算配置的方法。该项目的目标是在不需要开发新软件或对硬件做出重大改变的情况下，寻找提高系统安全性的方法。

（三）美国陆军关注网络风险管理问题

2018 年7 月，美国陆军发布关于“网络风险管理”项目的信息征询书，期望工业界能够在网络安全风险管理服务方面为其防御性网络行动组织提供支持，并承担一些能够支持跨多个安全计算环境的防御性网络行动免费系统套件、关键新兴技术和任务能力评估的网络安全系统工程工作。

防御性网络行动的任务是综合所有的能力来确保任务的执行，从而在网络空间内实现覆盖国防部所有部门的深度防御。“网络风险管理”项目主要包括5 个任务领域：网络安全计划管理支持；信息安全系统工程支持；风险管理框架持续监控支持；配置管理支持；云托管和安全工程支持。陆军期望由小企业承担这项研究。

三、美国继续推动战术网络调整

陆军将网络视为确保战备和杀伤力的重要因素，并定期对网络程序进行评估和审查，以确保陆军能够满足当前和未来部队的需求。2018 年，美国继续推动对战术网络的调整。

（一）美国陆军提出“同一个网络”理念

随着未来作战环境变得日益复杂，为了更有效地在不同地区和地形与实力相近的国家和叛乱组织进行作战和通信，美国陆军需要一个有弹性、灵活的网络。为此，美国陆军于 2017 年底提出了“同一个网络”理念，致力于建设一个弹性、灵活的作战网络。这个概念的提出将改变以前相对混乱、复杂的网络建设思路，不仅在结构和流程上对网络实现优化和集成，而且还可以满足多种作战任务需求。这个网络更加简单而直观，更好地帮助作战人员执行各种作战任务。新的网络不仅能够为不同环境的作战任务和不同作战阶段提供支持，而且能够满足部队日常训练的需求。

（二）美国陆军通过网络调整推动采办模式变革

为了使网络等信息技术装备和基础设施能够满足“随时能战”的要求，美国陆军已经从着手打破正常的采购流程，以更快速地获得新技术。相应的措施包括以下三个方面：一是采用“适合就买”（Adapt and Buy）的策略。首先确定军事上的需求并在商业部门寻求解决方案；其次进行测试和调整；最后购买。新策略有利于陆军将相关技术更快地融入到项目中。二是组建跨职能小组进行需求开发。为了帮助新的采办策略的顺利落实，陆军组建了由需求、采办、科技、测试评估、资源、承包、成本与采购物流方面的专业人员组成的跨职能小组。陆军将寻求利用行业和学术界的资源，通过集中规划和分散执行，确定能力发展过程以及新的项目管理模式。三是项目管理方式从备案项目转向备案标准。新的思维方式将使陆军能够利用开放式架构以及其他商业和行业标准，取代过去35年或40年内采用的备案项目的思维模式。

四、美俄持续关注人工智能技术发展及其军用前景

2018年美国正在全面推进人工智能、机器学习和相关技术的发展。为了满足美国国家安全和国防部的需求，美国陆军以及其他军种也正在持续开发人工智能及相关技术，以满足美国国家安全和国防的应用需求。

（一）美国陆军对人工智能研究开展行业调查

2018年，陆军合同管理司令部代表陆军通信电子研发与工程中心情报与信息战部发起关于“人工智能与机器学习的技术、算法和能力”的行业调查，对从事人工智能、机器学习、认知计算与数据分析相关技术、算法和能力研究的学术界、工业界和政府机构进行调研，了解和确定可用于陆军的人工智能技术的发展水平。美国陆军想要知道这些使能技术如何改善以下方面的军事应用：电子战，情报、监视与侦察，侦察、监视与目标捕获，攻击性网络空间行动，信号情报，处理、利用与分发，大数据分析。美国陆军研究人员感兴趣的技术还包括大数据人工智能框架，有人和无人操作的自主决策，基本工具、技术、算法和能力等。

（二）美国设立人工智能国家安全委员会

美国在《2019年国防授权法案》批准设立人工智能国家安全委员会。该委员会旨在全面审查、分析人工智能技术及系统，并在6个月内为国会和美国政府编写人工智能报告，提出发展规划建议。人工智能国家安全委员

会必须采取必要的手段和方法，推动美国人工智能、机器学习和相关技术的发展。美国国防部要持续开发人工智能技术，促进人工智能的应用。美国联邦政府和参众两院议长将共同任命 15 人组成人工智能委员会。委员会的任务主要包括：考察人工智能在军事应用中的风险，以及对国际法的影响；考察人工智能在国家安全和国防应用过程中的伦理道德问题；建立公开训练数据的标准，推动数据共享。

（三）俄罗斯建设科技城开展人工智能等前沿技术的研究

2017 年 12 月，俄罗斯国防部长绍伊古批准了《军事创新科技城 2020 年前建设纲要》。这个名为“时代”的军事创新科技城是根据俄罗斯武装力量最高指挥普京总统的要求建设的，将支持俄罗斯在国防领域创新。“时代”军事创新科技城是直接隶属于俄罗斯国防部的独立机构，主要从事以下科学方向的研究：信息通信系统、人工智能系统、机器人系统、超级计算机、技术愿景与模式识别、信息安全、纳米技术与纳米材料、能源、生命保障技术与机械、生物工程、生物合成与生物传感器技术。除了人工智能系统之外，信息通信系统、超级计算机和信息安全这3 个方向实际上在某种程度上也与人工智能相关。可以看出，俄罗斯也已经将人工智能技术视为影响未来武器装备和作战力量的决定性因素。据称，“时代”军事科技城将拥有自己的实验室和工程中心，成为专业化的科研与生产联合体，为俄罗斯国防工业研发产品。在该科技城中，产品的研发将按照“从想法到样机”全周期的研发。俄罗斯国防部希望科技城有新的发现，以确保国家在军事科学技术领域的领先地位。2018 年 2 月23 日，绍伊古向普京展示了科技城模型。

（中国兵器工业集团第二一〇研究所　王昌强）

2018 年陆战领域化生放核防护技术发展综述

2018 年，美国、俄罗斯及欧盟等国家和组织持续开展重大化生放核防御研究项目，以此提升对化生放核威胁态势感知、探测和检测、保护与恢复等方面的能力，展现了为寻求全维度、全覆盖国土防御能力所付出的努力和决心。

一、威胁态势感知

化生放核威胁的多源性和复杂性为化生放核威胁态势感知提出了重大挑战。化生放核感知重点关注对化生放核威胁的自动监测和多维感知能力，与此同时，通过对潜在信息的及时搜集、快速融合与分析，从而提高对态势感知的信息获取能力。

（一）发展陆海空天多维态势感知预警能力

近些年，为实现对化生放核威胁的多维态势感知，世界主要国家大力发展以天基、空基、陆基和海基为平台的化生放核监测预警装备技术，力求形成全天候、全天时、立体化监控体系。2018 年俄罗斯国防部启动了核生化环境监控体系建设，旨在实现平时对俄罗斯全境一切核生化事故及战时核生化形势的实时监测。由 12 个国家的 21 个组织共同参与实施欧洲航空空中自然灾害信息和协调系统项目，计划将对航空有重大影响的，包括严重核事故造成的大气放射性泄漏等潜在空中灾害进行深入研究。美国国家核安全局将在 2018 年底交付下一代全球爆炸探测器有效载荷，即最新的天基核爆炸传感器。作为化生放核监测预警体系重要组成的美国核爆监测系统将实现核爆探测能力的重大跃升。在态势感知系统开发方面，芬兰 ObSAS 公司开发的可用于环境中化生放核态势感知系统，无须依靠大量的服务器或数据中心的操作，就可根据化生放核任务要求提供准确、可靠的态势图，并对潜在事件或事故做出快速而准确的反馈。

（二）分布式推进国土防御威胁感知能力

2018 年，美国国防高级研究计划局宣布，继 2017 年完成了堪称史上规模最大、时间最长的车载辐射探测器试验项目“西格玛”（SIGMA）后，下一步将开展 SIGMA 延伸项目 SIGMA + 的研究工作。SIGMA + 项目将开发新型化生传感器并组网，以便向部署地提供化学、生物以及爆炸物威胁警报。SIGMA + 项目研发的化生放核爆探测网络具有拓展性，可覆盖一个大城市及其周边地区。SIGMA + 项目目标将整合自动化、分布式传感器网络，用于作战部署并能够切实显著提高阻止化生放核爆大规模杀伤性武器攻击的可能性。针对生物监测，美国桑迪亚国家实验室发布使用模仿人体免疫系统改进美国生物监测系统的研究，研究核心内容是合成 T 细胞监测疾病的多个变量，使用机器学习方法改进生物监测系统的主诉解密以及建立分布式生物监测中心。

二、探测与检测

国外在化生战剂侦检方面，着力加强早期精准探测和预警，注重便携式、经济型装备的研发，并不断提高其分辨率和检测限。除了成熟技术与装备的应用和研发，还借助生物和植物机体构造的灵感，研究新型传感器，以增强化生态势感知能力。

（一）深度挖掘探测新技术，谋求探测灵敏性与实时性的更大提升

灵敏度和快速探测能力是化学探测装备技术领域不懈追求的目标。2018年，美国国防部高级研究计划局计划将利用先进植物技术，修饰植物的生理机能，检测包括化生放核威胁在内的各种危害，这对开发敏感探测器具有一定潜力。美国正在开展轻型太赫兹激光器检测化学毒剂和爆炸物研究。该技术利用微波和红外线之间的电磁辐射带，检测提取到物质的光谱“指纹”。此外，美军还利用合成生物学开发出了一款全新的纸基现场化生战剂检测器。

（二）通过新项目改进生物威胁监测预警能力

美国国土安全部计划利用新的监控系统取代缓慢、过时的生物侦测计划，新系统将借助大数据和分布式传感器，以便更快、更早地预知生物威胁。2018 年4 月9 日，美国桑迪亚国家实验室发布使用模仿人体免疫系统改进美国生物监测系统的研究，该研究的核心内容是合成 T 细胞监测疾病的多个变量，使用机器学习方法改进生物监测系统的主诉解密以及建立分布式生物监测中心。

三、防护和恢复

世界主要国家细化洗消需求，努力使洗消对象能覆盖更大范围的有害

污染物，并力争洗消的最终结果能够达到绿色环保，不造成二次污染，积极利用新技术与方法研制洗消效能更高的洗消剂和洗消装备。与此同时，为降低人员生理和后勤负担，继续寻求新型亲肤防护材料的创新研发。

（一）强化洗消对象范围的扩展与洗消效果精确性的提升

世界主要国家更新洗消理念、细化洗消需求，努力使洗消对象涵盖更大范围的有害污染物，并力争使洗消的最终结果达到绿色环保、无二次污染。最初由美国桑迪亚国家实验室开发研制的 DF－200 目前已由 Decon7 Systems LLC 进行商业化生产。D7 配方可以实现从炭疽到诺维乔克更广泛对象的洗消，可用于大多数设备、材料和接触表面。美国科学家基于不同原子水平的量子力学模拟、分子动力学模拟、量子化学技术和连续介质方法等组合的新算法，对神经性毒剂水解机制的多尺度模拟进行研究。实验证明，多尺度模拟技术用于有效的酶催化剂设计，能保护人群免受化学武器的攻击，并且可作为药物防护或快速地恢复 AChE 功能。美国国防威胁降低局开发的污染指示器洗消保证喷雾颜色指示器可在几分钟内以颜色指示直观地定位糜烂性毒剂、神经性毒剂和非传统药剂污染，以确定材料和车辆上是否存在化学武器。污染指示器洗消保证喷雾允许"点或精确洗消"识别特定污染区域，而不是使用洗消剂处理整个表面，从而大大降低了洗消成本。

（二）新技术新材料应用提升化生放核防消效能

发达国家积极研制新型防护材料。近年来，选择性透过膜、具有防护作用的酶/生物纤维、自消毒织物等材料技术备受关注。美国国防威胁降低局开展"第二层皮肤动态多功能材料计划"，旨在为战士提供透气性和舒适性兼具的"第二层皮肤"，以避免其暴露于化学与生物制剂。同时，美国国防威胁降低局还开发出改型轻便化生热适防护服，防护服设计均衡搭配和布局多种材料，优化了材料和疏液涂层的叠压，能够为士兵提供恰如其分的化生放核保护。美国陆军埃奇伍德化学生物中心正在进行一项可用于自消毒作战服的金属有机框架化合物研究，旨在探索如何将金属有机框架应用到织物和纺织品中，为战士所穿的防护材料提供消毒能力。

四、部队编配与演习

针对当前面临的化生放核威胁，世界主要国家高度重视化生放核事件的应急响应准备。2018 年，美国、俄罗斯等国家频繁开展基于真实场景的化生放核应对训练和演习，在充分展示自身力量的同时检验其应对化生放核威胁的综合能力和水平。

（一）开展规模演习与训练应对化生放核突发事件

为应对化生放核突发事件，2018 年，多国多次开展应对化生放核训练演习。美国开展的“守护者响应”演习引各方关注。演习共汇集了 75 个单位，以应对模拟攻击。部队对模拟伤亡进行了分类、洗消和处理。全面部队演习还演示了美国陆军在发生化生放核灾难时支持民政当局的整体能力。2018 年 3 月上旬，针对俄罗斯建造浮动核反应堆并可能测试核动力巡航导弹，美国在北极地区实施了一次名为“北极鹰 2018”针对性的核卫星灾害训练演习。此外，2018 年 3 月，俄罗斯战略火箭军部队 3000 名官兵参加了位于俄罗斯中部地区斯维洛夫斯克州的军事演习。此次演习涉及 300 部作战装备，并首次使用了一批核生化防护等现代化特种装备。2018 年 6 月 18 日至 28 日，俄罗斯、白俄罗斯和塞尔维亚 3 国在克拉斯诺达尔斯克边疆区“斯拉夫斯科耶”靶场举行了“斯拉夫兄弟 - 2018”联合战术演习，演习团战术群中包括所有作战、保障分队，其中包括核生化防护分队。印度空军于 2018 年 4 月 22 日举行了该国空军史上最大规模的 Gagan Shakti - 2018 超级演习，此次演习内容是模拟与中巴两国同时开展后的空军作战行动。除了常规作战情形外，此次演习还涉及核生化条件下的行动和疏散等内容。

（二）加强应对化生放核威胁的力量建设

德国建立全新反恐部队应对化生放核威胁。2017 年底，德国 GSG9 反恐部队在柏林成立了一支全新的反恐单位，专门开展化生放核防御和控制。这支部队的成立将为德国警方增强应对大规模杀伤武器恐怖袭击事件的能力提供有力支撑。目前，反恐单位的全面规划和组织措施正在进行当中。GSG9 成立新的防御核生化武器单位，此举说明德国政府正在提高对大规模杀伤性武器对其国内威胁的关注。

（军事科学院防化研究院

滕珺　赵钦　夏治强　姜蔚　李铁虎　王珊珊）

ZHONG YAO

ZHUAN TI FEN XI

重要专题分析

2019 财年美国陆军预算分析

2019 财年，美国国防部预算围绕《国家安全战略》和《国家国防战略》制定，目的是通过落实国防部长关于增加部队杀伤力、恢复力、敏捷性和构建动态灵活的部队等方面的指示来实现国防部目标。美国陆军预算根据国防部长的指示和陆军领导提出的优先项目制定经费分配方案，满足陆军士兵、战备水平、现代化和体制改革的需求。

一、美国陆军预算连续第四年增长

2019 财年，美国陆军预算申请总额为 1821 亿美元，其中基础预算 1484 亿美元、海外应急行动预算 337 亿美元。基础预算持续第四年增长（图 1），2019 财年基础预算的申请额比《2018 财年国防授权法案》授权额增幅约为 6.5%。海外应急行动预算也有所增加，增幅在 13% 左右。美国陆军 2019 财年的预算重点是恢复主要作战部队的战备水平，实现关键能力现代化，变革制度流程，另外海外应急行动将继续执行如打击“伊斯兰国”、支援阿富汗安全部队等任务。

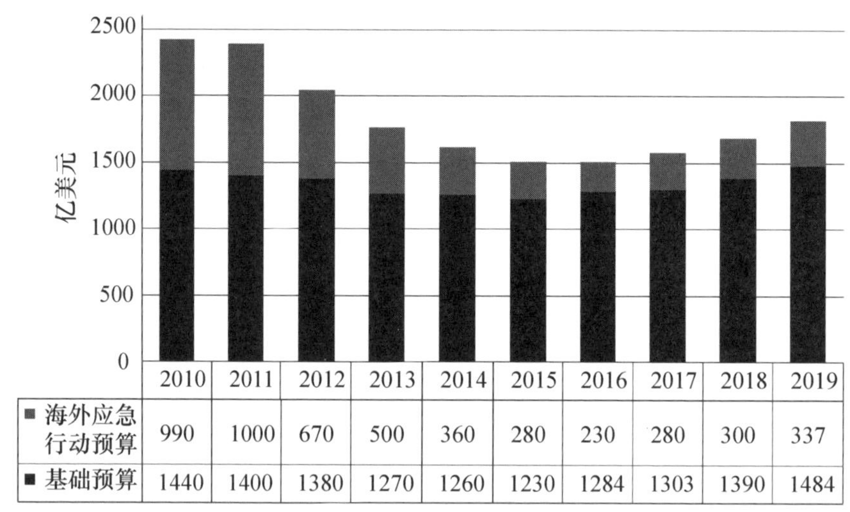

	2010	2011	2012	2013	2014	2015	2016	2017	2018	2019
■ 海外应急行动预算	990	1000	670	500	360	280	230	280	300	337
■ 基础预算	1440	1400	1380	1270	1260	1230	1284	1303	1390	1484

图 1　2010—2019 财年陆军预算①

2019 财年的预算中军事人员、使用与维护、研发与采办（包含研发试验评估和采办两项，美国陆军将这两部分合称现代化预算）以及其他预算（包括军事建筑等）分别为 637.46 亿美元②、706.89 亿美元、373.1 亿美元和 103.2 亿美元，其中基础预算分别为 605.85 亿美元、523.26 亿美元、320.21 亿美元和 34.54 亿美元，这与陆军部长对人员（包括士兵、文职人员以及家属）、战备、现代化和业务流程变革等的重要性先后排列很好地吻合。

二、军事人员预算实现经费和目标员额双增长

2019 财年，美国陆军军事人员（不包含文职人员）的目标员额达 103.05

① 2019 财年为预算申请额，2018 财年为授权额，2010—2016 财年为实际金额。2014—2019 财年期间，基础预算的部分金额从海外应急行动转移而来，分别为 31.0 亿美元、8.5 亿美元、27 亿美元、60 亿美元、2 亿美元和 50 亿美元。

② 军事人员预算包含陆军现役部队、国民警卫队、预备役的预算和医疗相关经费。

万人。这103.05万士兵包括现役部队48.75万人、国民警卫队34.35万人和预备役19.95万人，相比《2018财年国防授权法案》授权的102.65万人增加4000人，增加目标员额的目的是继续完善陆军的战备水平，提升军队能力和杀伤力。增加的4000名军事人员均为陆军现役部队，国民警卫队和预备役的目标员额保持不变。此外，美国陆军还雇有194803名文职人员，为陆军全军提供各种服务。

2019财年，军事人员基础预算（不含海外应急行动）为605.85亿美元，比2018财年（580.49亿美元①）增加4.5%。这606.85亿美元包括现役部队436.71亿美元、国民警卫队87.44亿美元和预备役49.56亿美元，以及32.14亿美元的医疗相关基金。2019财年，为满足陆军战备水平需求和应对通货膨胀，美国陆军调节军事人员预算中军人基础工资、基本住房补贴和基本生活补贴等方面的投入，分别增加2.6%、2.9%和3.4%。陆军现役部队的预算申请比2018财年增加超过20亿美元，直接为国防部长三方面的工作提供支持，使美国保持世界最先进作战部队：①在构建更具杀伤力部队的同时恢复军队战备水平；②增强联盟并吸收新的合作伙伴；③支持国防部的业务变革。这部分预算使陆军能达成人员配备的目标，这在《国家军事战略》中起着重要作用。国民警卫队经费增加超过3亿美元，主要用于人员补贴和项目变化，以应对目标员额保障和增加的训练需求。预备役经费略有增加，为战时或国家危急时刻提供训练良好的小型部队和能力优越的人员。

三、使用与维护预算聚焦提高陆军能力与战备水平

2019财年，美国陆军将同时改善全球安全态势和提高战备水平，并继

① 该经费与2018财年的预算申请，后面各部分用于比较的经费也采用预算申请额。

续开展国土防御和全球反恐行动，为此使用与维护预算的经费支持非常重要。2019 财年陆军预算申请中，使用与维护预算达 706.89 亿美元，比 2018 财年（665.96 亿美元）增加 6.5%，其中基础预算 523.26 亿美元，海外应急行动 183.63 亿美元。申请的使用与维护预算将全面支持陆军构建先进能力和提高杀伤力，还支持国防改革计划。具体包括征募新兵并将之训练为士兵，支持全球范围 74 个军事驻地的士兵及其家庭和陆军文职人员的正常运行，为多域作战训练部队，执行国土防御和力量投送任务等。

在提高部队战备水平以实现亚太地区、欧洲和中东地区更好的全球安全态势方面，陆军通过将一个步兵旅级战斗队改编为装甲旅级战斗队（改编之后为 11 个装甲旅级战斗队、13 个步兵旅级战斗队和 7 个斯特赖克旅级战斗队）和将安全部队援助旅从 2 个增至 6 个来增加作战能力。2019 财年美国将加强亚太地区的安全态势，同时继续遏制欧洲地区的侵略行为。预备役仍是美军满足战斗指挥官对地面部队能力需求的关键，为此陆军预算申请将陆军国民警卫队旅级战斗队的训练策略从 5 年改为 4 年，使部队更快形成作战能力。

另外，使用与维护还使用海外应急行动经费继续支持“自由哨兵”行动、“坚决”行动和欧洲威慑倡议。

四、采办预算填补能力缺口

相比 2018 财年，美国陆军 2019 财年采办预算中导弹、武器与履带式战车和其他采办的申请额增加明显，飞机和弹药采办经费变化都不大①。飞机

① 2019 财年预算文件中，2018 财年飞机采办经费为 51.52 亿美元，其中有 5.77 亿美元为“未分配”经费，用于飞机采购、飞机改造、装备和设施支持服务的经费为 45.75 亿美元，与 2019 财年的 41.46 亿美元相差不大。

采办中“阿帕奇”现代化是重点，弹药采办除了炮弹的经费接近翻番（从4.07亿美元增至8.04亿美元），其余变化都不大。

（一）加速“艾布拉姆斯”“布雷德利”“斯特赖克”等车辆现代化

2019财年“艾布拉姆斯”坦克升级项目申请预算15.31亿美元，比2018财年（7.18亿）增加一倍以上，目的是将135辆M1A1型坦克升级为M1A2 SEP v3型，增强坦克的生存能力、动力、计算系统和夜视能力。2019财年还申请了9.62亿美元经费用于M1“艾布拉姆斯”主战坦克改造项目，比2018财年（3.88亿）增加了近1.5倍，主要用于弹药数据链和通用遥控武器站的采购和战场应用，支持坦克发动机延寿计划和变速箱项目等，这些经费还用于联合系统制造中心、阿里逊变速器公司等的设施和设备的维护、优化和现代化。2019财年，美国陆军共计为“布雷德利”战车申请8.8亿美元的升级和改造经费，比2018财年（6.75亿）增加30%。这些经费将用于“布雷德利”车族的多种改型，包括悬挂、履带、动力传动和车电等，另外还将61辆M7A2 ODS－SA型车升级成M2A4/M7A4型。“斯特赖克”装甲车的现代化主要是申请2.87亿美元（约2018财年的3倍）的预算支持多个车队的改造，解决火力支援车任务装备包陈旧问题，解决“斯特赖克”车族可靠性、能力和性能降级，以及面临的安全性和作战相关问题等。

陆军战术轮式车现代化战略一项重要的内容是到2041年使用联合轻型战术车替换约1/3现有轻型轮式车。2019财年，陆军增加联合轻型战术车的采购数量，共申请13.12亿美元经费用于采购3390辆各种型号的联合轻型战术车，相比2018财年经费增加64%，采购数量增加约36%。

（二）增加重要导弹、火箭弹和155毫米炮弹的采购经费

针对陆军弹药短缺的问题，2019财年导弹采办预算申请经费达51.58

亿美元（比 2018 财年 27.38 亿美元增加近 90%）。“爱国者” MSE 导弹和制导火箭弹的经费较多，分别达 11.31 亿美元和 9.84 亿美元。“爱国者” MSE 导弹预算相比 2018 财年的 11.06 亿美元略有增加，这些经费将用于生产 240 枚“爱国者” MSE 导弹（其中 61 枚用于海外应急行动），40 套发射器模块套件等装备。制导火箭弹预算相比 2018 财年的 7.87 亿美元增加约 25%，主要是海外应急行动部分的经费增加明显，从 1.92 亿美元增至 6.25 亿美元，目的是威慑潜在对手和支持“坚决”行动。2019 财年导弹采办的一项重要工作是多管火箭炮的升级，共申请预算 5.05 亿美元（基础预算 3.83 亿，海外应急行动预算 1.22 亿），比 2018 财年（1.38 亿美元）增加了近 2.7 倍，主要是将 61 套 M270A0 多管火箭炮升级为 M270A2。另外，陆军战术导弹系统、“标枪”反坦克导弹、小型致命空中弹药系统、“海马斯”高机动多管火箭炮等的预算申请增长幅度较大，都比 2018 财年增加 1 亿美元以上。

弹药采办中，M795 式 155 毫米榴弹是作战使用的主要弹种，采购经费从 2018 财年的 2800 万美元增至 2019 财年的 2.04 亿美元，采购数量从 1.6 万余枚增至约 15 万枚。

（三）飞机采办近期以再制造为主

飞机采办经费和数量自 2016 财年之后明显减少，为此美国陆军飞机采办以再制造为主，辅以采购少量的新机型。陆军未来委员会还建议，在采办预算增加并保持相对稳定之前，减缓“黑鹰”等项目的现代化，以保留更多的“阿帕奇”部队。例如，AH－64E“阿帕奇”的再制造是为满足陆军和联合部队互操作性需求而使用新的机身完成飞机的重新制造，2019 财年 AH－64E“阿帕奇”的再制造数量为 48 架，经费为 9.24 亿美元，再加上采购 12 架新的“阿帕奇”，总经费维持在 13 亿美元左右，基本与 2016 财年相当。相对应地，“黑鹰”和“支奴干”的采购数量和经费均显著降低。

2019 财年，美国陆军无人机采办主要是申请 1.03 亿美元经费采购 10 架 MQ－1“捕食者”无人机，申请 4640 万美元用于采购 200 架 RQ－11“大乌鸦”无人机。

（四）加速联合作战指挥平台的采购

联合作战指挥平台是联合部队指挥控制、态势感知和通信的基础，能为各种平台和指挥所提供安全的蓝军跟踪系统能力，并持续近实时地识别友军位置，报告敌方和危险位置。2019 财年，联合作战指挥平台的预算申请达 4.31 亿美元，比 2018 财年（2.83 亿美元）增加 52%。这些经费用于采购 25000 余套车辆平台计算系统和 2000 余套指挥所系统。2019 财年，陆军将继续加速部署现代化的联合作战指挥平台硬件和软件使之达到通用标准。

五、研发预算支持陆军现代化

美军的对手正在发展技术先进的武器并快速提高他们的作战能力。这导致在不久的将来，美军将在每个作战域（太空、网络、海上、空中和地面）都面临挑战。为了应对这些挑战，美国陆军实施现代化战略，重点是使士兵和小型作战部队更具杀伤力，以便在国家战争中赢得胜利。现代化战略包含了 6 大优先项目：远程精确火力、下一代战车、未来垂直起降、陆军网络、防空反导和士兵杀伤力。2019 财年研发、试验与评估（RDTE）预算申请 104.84 亿美元经费与 2018 财年国防授权法案批准的 100.18 亿美元变化略有增加，用于支持先进能力的开发以及对未来 10 年内部署使用的现有装备进行升级。

（一）研发预算针对陆军现代化优先项目进行调整

2018 财年，美国陆军现代化优先项目从 10 项[①]调整为 6 项。这 6 大优先项目中下一代战车项目为新增，2019 财年，陆军预算中下一代战车项目的相关投资集中在先期技术开发和先期组件开发与原型样机，涉及这一项目的投资主要是“PE 0603645A/装甲系统现代化先期开发”下的“EV7：战车原型样机”（2019 财年申请 1.19 亿美元）、“PE 0603005A/战车与机动车辆先进技术”下的“战车子系统演示”（2018 财年和 2019 财年共申请约 2000 万美元），此外，应用研究领域的军事工程技术、指挥控制通信、夜视、环境质量等领域的投资也都为下一代战车项目提供相关支持。2019 财年，该项目的主要工作是概念开发、权衡性研究、促进技术成熟并进行试验，以及开发战车原型样机（包括有人和自主系统）进行演示来评估概念设计。

下一代战车项目以外的其余 5 大现代化优先项目是在原有项目的基础上继承和发展而来的。例如，远程精确火力项目，2016 财年时为“PE 0603778A/多管火箭炮产品改造项目”下的一个项目，投入经费约 2000 万美元，自 2017 财年开始发展为项目群，即“PE 0607134A/远程精确火力”，投资经费为 6700 万美元，到 2018 财年和 2019 财年经费达 1.02 亿美元和 1.86 亿美元，年均增幅超过 50%。2019 财年，该项目将继续开发竞争性原型样机和飞行演示，为风险降低工作集成试验资源。

此外，陆军 2019 财年预算投资的重点项目还包括陆军机动防护火力项目（3.94 亿美元）为研制试验提供原型样机、抗弹车体和试验资源；试验

① 2017 年，美国陆军预算委员会发布的《2018 财年预算综述》中陆军现代化的优先项目为 10 项：防空反导、远程火力、弹药短缺、旅级战斗队的机动性杀伤力与防护、主动防护系统、可靠的导航定位与授时、电子战、陆军网络、可靠的通信和垂直起降。

靶场与设施（3. 05 亿美元）项目为国防部主要靶场和试验设施基地提供作战试验和基础设施等支持等。

（二）科技预算解决能力缺陷

2019 财年，陆军科技领域申请 23. 92 亿美元预算（基础研究 4. 45 亿美元、应用研究 9. 20 亿美元和先期技术开发 10. 27 亿美元）用于技术开发和演示。陆军科技是陆军现代化战略的重要组成部分，重点是促进技术成熟，降低项目风险，开发原型样机，目的是更好地分辨经济可承受和可实现的需求，并开展实验来完善新的作战概念。陆军科技投资不仅覆盖现代化优先项目，还要投资关键技术领域来解决能力缺陷：增加投资提高战车、飞机和关键弹药的杀伤力；继续改革陆军网络；其他关键技术领域还包括下一代训练与仿真系统和高能激光技术等。

六、结束语

美国认为，美国陆军将在复杂、动态和不确定性不断增加的环境下开展全球行动，以保护美国利益，这就要求建立技能更加娴熟、战斗意志更加坚定的陆军。开展当前行动、维持现有战备水平，并在打造更加现代化、能力更强和更具杀伤力的陆军方面需要稳定充足的资金，美国陆军 2019 财年的预算为这些工作提供了支持。

（中国兵器工业集团第二一〇研究所　胡阳旭）

美国陆军成立未来司令部加速陆军现代化

2018 年 8 月 24 日，美国陆军正式成立未来司令部（Futures Command），并计划在一年内形成全面作战能力。未来司令部总部位于得克萨斯州奥斯汀市，是与部队司令部、训练与条令司令部、装备司令部并列的第四大陆军司令部。此举是美国陆军自 1973 年解散本土司令部和作战发展司令部、组建部队司令部和训练与条令司令部以来最大一次机构调整，旨在针对未来陆战环境和模式，提出并满足未来部队作战需求、精简采办流程、提高装备能力，加速推动陆军现代化，使陆军赢得未来战争。根据当前公布的信息看，美国陆军还未完全确定未来司令部的具体职权范围、运作模式等。

一、未来司令部成立的背景

特朗普总统上任以来，美国国家安全和国防战略发生重要调整，明确提出中、俄为“战略竞争者”。美军认为，中、俄地面装备能力的快速提升对美国构成了严重威胁，美国陆军的现代化水平急需提高。

（一）美国将军事战略重心逐步转向以中俄为对手的“大国竞争”

美国陆军的任务和使命是：作为联合部队的一部分，为全频谱作战提供战备良好、有保障、敏捷的地面作战优势，赢得国家战争。随着阿富汗和伊拉克战争的结束，美国陆军认为，陆军发展已经到了一个拐点，如果部队和装备现代化进程继续拖延，陆军在未来战场上执行任务的能力和优势就会面临巨大风险。俄罗斯的复苏、中国的崛起，以及朝鲜半岛和伊朗核问题等都会对美国造成严重威胁，中、俄陆军装备的能力已有赶上甚至超越美国的趋势，美国必须将军事战略的重心逐步转向以中俄为对手的“大国竞争”。

（二）当前作战环境快速变化，美国陆军希望变革陆军现代化模式

冷战结束以来，陆军在重大装备研发方面屡受挫折，“十字军战士”自行火炮、“科曼奇”武装侦察直升机、未来战斗系统等项目陆续下马，浪费了大量资源，迟滞了现代化进程。美军认为，当前作战模式受到低成本传感器、精确打击技术、机器人和信息技术等因素的挑战，高新技术发展将使未来战争发生根本性改变。美军需适应未来作战环境需要，确保未来作战优势。当前，美国陆军部队现代化的基本模式仍然是通过概念推动能力开发，即先决定如何作战，再开发用于作战的技术，这往往会因技术不成熟而造成项目夭折，可能无法应对未来战争。为此，美国陆军希望变革现代化模式，在全球动荡和经费受限的情况下，尽可能挖掘先进技术潜力，充分利用先进技术，落实美国2018年《国防战略》要求，建立杀伤力和战场优势更大的未来陆军。

二、未来司令部的职责与机构组成

目前看，未来司令部的职责是：完善和落实陆军现代化战略，评估未来作战环境、新威胁和新技术，发展和交付可满足作战需要的概念、需求、未来部队设计和装备现代化方案，增强陆军部队杀伤力和战备能力。通过现有资料判断，未来司令部并未统管陆军的研发工作，其工作重点是陆军六大现代化项目，未来可能会继续补充其他工作。

未来司令部总部将有军职和文职人员约500人，司令为陆军原负责装备项目的G-8副参谋长约翰·穆雷（军衔从三星中将升为四星上将），办公地点位于奥斯汀市得克萨斯大学内，每年运行预算0.8亿~1亿美元，监管经费约500亿美元。未来司令部将通过陆军参谋长向陆军部长报告，并与负责采办、后勤与技术的陆军部助理部长协调装备采办相关所有事宜。

（一）接收陆军转隶单位，设三个下属机构

未来司令部吸纳训练与条令司令部、装备司令部的部分机构，包括训练与条令司令部下属的陆军能力集成中心、能力开发与集成中心及相关作战实验室、训练与条令司令部分析中心、白沙导弹靶场等，装备司令部下属的研发与工程司令部、陆军装备系统分析中心、陆军研究实验室等，以及测试与评估司令部的部分机构。各机构的权力、责任、从属单位、人员、设备和资金都将转到未来司令部，但大部分机构无需迁往未来司令部新址。

未来司令部计划设立三个下属机构：未来概念部，负责基于威胁分析确定未来概念，研究颠覆性技术及其对作战的影响；作战开发部，负责研究需求定义和文件，将对未来的研判和概念转化为需求；作战系统部，负责作战系统开发，交付现代化优先能力。

（二）吸纳8个跨职能团队，重点推进六大现代化重点项目

美国陆军确定了远程精确火力、下一代战车、未来垂直起降、陆军网络、防空反导、士兵杀伤力6个现代化重点项目，并据此成立了6个跨职能团队，并补充了定位导航授时、综合训练环境两个跨职能团队。成立跨职能团队的目的是将陆军用户与科学技术、采办、需求、试验与评估、资源

分配及其他领域的所有专家整合，全力推进现代化优先能力发展。这8个跨职能团队也被纳入了未来司令部。一些项目主管将成为跨职能团队成员，通过跨职能团队向未来司令部汇报。未来司令部将解决项目主管提出的需求并提供支持。与陆军其他三大司令部均位于远离市区的军事基地中不同，未来司令部坐落于城市中，目的是拉近与学术、科研机构的距离，方便接触商业和工业人员，借助民间人才和技术力量推进陆军现代化建设。

（三）成立陆军应用实验室，加速科技创新向现实作战能力转化

为加快科技创新，有效增强与外部创新型公司的合作，未来司令部于2018年10月成立陆军应用实验室，寻求充分利用私营公司的创新能力，快速研发能够转为正式项目的产品和技术。当前创新型私营公司与军方的联系较少，而且在与军方合作中要面临繁冗复杂的采办程序和要求。陆军希望通过建立陆军应用实验室，将有创新想法的私营公司与知道如何将这些想法付诸实现的陆军人员密切联系起来，更快速地推进创新能力向实际应用转化。同时，陆军应用实验室寻求陆军尚未通过威胁识别、需求编写、采办计划等方式将其列入官方优先技术的颠覆性技术。

目前，该实验室启动了4个试点项目，将陆军外的创新人员与陆军内人员联系起来。一是“催化剂”项目，在陆军研究实验室现有“开放校园”项目的基础上，将大学与陆军和国防工业联系起来；二是“陆军能力加速器”项目，由军方、企业、研究机构和国防工业人员组建的团队合作研制，使部队能在现实环境中测试；三是“合作开发基金”项目，将重组小企业创新研究计划等已存在的项目，效仿风投后续大规模投资，支持项目工程阶段工作；四是“光环制造加速器”项目，致力于开发真正可部署的武器、传感器和其他系统。

（四）未来司令部将对装备采办实施全链条管理

美国陆军传统的装备采办由多个部门管理，程序繁琐，采办周期长，一些装备从需求论证到交付部队形成作战能力要经历长达十余年。未来司令部将改变这一状况，对装备采办实施全链条管理，包括从概念研究、需求提出、科技投资、研发测试与评估，到采办的里程碑 A、B、C 等各个阶段。未来司令部会将装备采办过程中涉及的需求单位、研制单位、测试单位、保障单位等所有参与方都纳入跨职能团队中，快速决定部队真正所需，使士兵在装备的最初设计和样机开发与测试阶段就参与其中，提供有价值的反馈，加速装备的研制与采办进程。

三、未来司令部对美国陆军的影响

成立未来司令部不是对现代化体系的简单调整和重组，而是美国陆军装备现代化机制的一次重要战略调整，意图促进陆军装备现代化、扩大战场优势、应对未来威胁、赢得未来战争。

（一）加快装备更新换代，维持陆军战场优势

美国陆军希望通过成立反应迅速、灵活高效的未来司令部将研制能力与采办能力相整合，显著缩短陆军现代化周期。未来司令部将串联陆军的作战概念、作战需求、采办和实战检验整个流程，精简指挥机构，使需求开发周期从之前的 3 ~ 5 年缩减到 1 年，新装备的交付时间从十几年缩短到几年，完成其“五大件”装备的更新换代；到 2028 年，通过部署现代化有人/无人战车、飞机、保障系统与武器，结合强大的武装编队和现代化作战条令及战术，使陆军能够在任何时间、任何地点，在联合、多域、高强度作战中打败敌人，同时威慑潜在敌人，保持赢得常规作战和非常规作战的能力。

（二）统筹现代化建设，实现陆军资源利用最大化

当前美国陆军现代化建设存在“领导机构散、研发周期长、资源浪费多”等问题，陆军装备技术研发的决策权分散在陆军训练与条令司令部、装备司令部、陆军部长办公室、陆军参谋部规划局等多个部门，这些部门拥有不同的组织文化、发展规划、作业流程，相互间各自为政，甚至相互掣肘、竞争资源。未来司令部将有效解决这一问题，统一指挥和协调陆军的现代化工作，推动实施单一、连贯的现代化战略，以权威的未来作战评估为基础，匹配必需的现代化资源，确保国家资源的使用透明度、责任管理及问责，实现陆军资源的集中和最大化利用。

四、启示

目前，美国陆军未来司令部初步建成，相关信息披露较少，但其下一步体制机制的建设对加速我军现代化有重要参考价值。总的看来，未来美国军队建设和装备发展将适应新的时代要求，打破传统官僚机构组织体制和观念文化束缚，快速适应作战环境变化，快速抢抓技术发展机遇，推动陆军六大重点项目发展。

（一）未来作战环境和模式要求陆军必须具备快速提供满足各类需求装备的能力

随着人类社会和军事技术的发展，陆军面临的作战环境和作战模式正在发生深刻变化，不断对陆军武器装备发展提出新的要求。从美国陆军近30年的装备建设实践看，传统的武器装备采办模式已经很难适应当前快速多变的作战需求，“十字军战士”火炮和“科曼奇”武装侦察直升机项目的下马、联合轻型战术车项目需求论证旷日持久、为驻伊和驻阿美军紧急采

购防地雷反伏击车等都反映出传统采办模式流程复杂、各自为政、缺乏灵活性等弊端，也反映出未来作战环境和模式要求陆军必须具备快速提供满足各类需求装备的能力。

（二）未来司令部的成立为陆军六大重点项目的顺利实施起到推动作用

2017 年 10 月，美国陆军部时任代理部长和陆军参谋长共同签署《美国陆军现代化重点》文件，确定了远程精确火力、下一代战车、未来垂直起降、陆军网络、防空反导、士兵杀伤力6 个现代化重点项目。这预示着美国陆军将全面启动新一轮装备现代化工作。未来司令部充分汲取近几十年来陆军装备现代化的经验教训，以打破制约装备快速研发、快速交付、灵活调整需求的樊篱为目的，与六大重点项目同步论证、同步实施，加速陆军现代化进程，是美国陆军装备采办体制机制的一项重大创新，为陆军现代化重点项目的的顺利实施奠定了基础。

（中国兵器工业集团第二一〇研究所　宋乐）

美国陆军新版《战术网络现代化战略》分析

一、战略重心从应对不对称威胁转向大国博弈

2018 年 2 月 1 日，美国陆军向白宫和参议院武装部队委员会提交了一份《战术网络现代化战略》报告，提出要精简网络，提高网络可靠性，使网络能够对抗更多威胁，同时还要提高网络机动性，并简化操作流程。

美国将中国和俄罗斯作为主要战略对手后，其战略重心也从应对不对称威胁转向大国博弈。面对新的对手，美国陆军组织开展了战术通信网络的能力评估，并对多个战术通信项目进行了“严格仔细”的审查。在此基础上，美国陆军制定了新版《战术网络现代化战略》提交白宫和参议院武装部队委员会。在新版战略中指出，在与“势均力敌”的对手抗衡时，美国陆军目前的网络“太复杂、太脆弱、机动能力不足”，很容易受到网络攻击或干扰，并且尚未与联合部队和友军实现互操作。美国陆军认为，传统的需求生成和采办程序是阻碍美国陆军网络快速发展、持续更新和经济可承受的原因，主张采用快速原型机制造，以及商用和联合部队技术来应对这些挑战。

战略报告将美国陆军的实施方案分为近期和长期目标。近期目标是指能在 12 ~24 个月内为“高优先级部队”达成的目标，其主要任务包括：完成“改善指挥所生存能力和机动能力”的过渡方案；整合战术网络传输；提供一套任务指挥应用组件以解决部队层级间不兼容的问题；提高无线电和网络在应对电子战和网络威胁时的生存能力；提高联合部队盟军的互操作能力，增加联合火力和近距离空中支援。美国陆军的最终目标是全部陆军都装备现代化网络。

在这份战略报告中，美国陆军详细说明了其网络现代化过程中现役网络的终止、改进和核心网络的研发计划。美国陆军将终止不能解决作战需求的项目或项目部分，改进现有的可满足最关键作战需求的必要项目，转向可促进新技术快速插入的新采办方法。

二、终止中间层网络车载电台和机动控制系统项目

美国陆军研究、发展与工程司令部和美国陆军通信电子研发工程中心共同撰写了一份评估报告，该报告将“势均力敌”的对手的电子战能力作为对照“标杆”。美国陆军已经对照这份报告，取消了那些不能满足网络和电子战威胁需求的研发工作。

美国陆军将终止中间层网络车载电台（MNVR）和机动控制系统（MCS）两个项目，这两个项目的预算资金将被重新分流到优先级更高的网络现代化项目中去。

美国陆军计划在 2018 财年后终止作战人员战术信息网（WIN – T）“增量”2 系统及其“动中通”能力。美国陆军将停止为装甲旅战斗队（ABCT）、美国陆军国民警卫队多功能旅和所有的职能旅采购 WIN – T “增量” 2 系统。

在装备“下一代战术网络传输系统”前，这些部队将继续使用WIN－T“增量”1系统。

三、升级改进项目

战略报告指出当前与网络相关的研发与科技工作的“近期工作重点是自动化与智能化、弹性通信以及电磁环境下的态势感知”。美国陆军将通过加强抗干扰能力（考虑改进波形）和尝试降低电磁信号特征增强通信弹性、降低脆弱性，提供更多的网络与电磁信号态势理解能力，并通过将自动化和智能化纳入商业军事混合网络解决方案，最终降低竞争环境下的脆弱性，这样可以在敌人试图利用无线通信连接时，根据环境实时自主选择合适的通信系统。

战略报告概述了美国陆军旨在解决网络脆弱性问题的一系列计划，包括制定“弹性通信方案”：增强“单信道地面与机载无线电系统”（SINCGARS）波形和“网络中心波形”（NCW）的抗干扰能力。美国陆军还在降低电磁信号特征和频谱模糊化方面进行投资，力争研发和使用“非传统波形”。此外，美国陆军还通过其他通信手段增强通信弹性，措施包括开展空对地无线电网络试验，改进“奈特勇士”手持式计算系统，装备更多的便携式高带宽地面传输视距（IRILOS）无线电和未来的增程对流层散射（IROPO）无线电。

美国陆军在可靠的定位、导航和授时（A－PNT）方面的工作也是为了解决脆弱性问题。由快速能力办公室和PNT项目管理办公室共同研发的战术互联网测试与分析（TITAN）系统是一种战斗车载快速反应系统，计划于2018财年进行初始作战评估。美国陆军计划采用阶段性方案，从TITAN项目开始，在近期、中期和长期方案中加入更多的 A－PNT 需求。最后，还解释了如何利用“软件修复、系统提供的身份、登录管理和自动化”来增强网络在竞争环境下的弹性。

美国陆军对网络和频谱态势感知的改进计划包括：为指挥官提供通用作战图，需求生成在 2018 财年完成；落实电子战规划与管理工具（EW-PMT）的能力；进行科技投资以提供在灰色地带环境下的网络态势感知；部署更多的传感器。美国陆军正在努力提升网络态势感知能力，计划在 2020 财年确定装备研发决议和可选方案分析。

战略报告强调了美国现役陆军与预备役部队之间“互操作性和兼容性”的重要性，并制定了 2019 财年对全美国陆军 400 支作战部队的任务指挥硬件和软件的升级计划。美国陆军计划装备“清一色”的联合作战指挥平台，“为所有作战部队提供通用网络加固型平台”。

其他优先计划包括美国陆军无线电的现代化改进，如在 2018 财年采购具有 Link－16 数据链连通能力的手持式样机，并计划进一步升级 HF 电台。美国陆军还将进一步升级“蓝军跟踪”2 系统，科学技术研发工作将在 2020 财年或之后完成。美国陆军还制定了其他目标，包括开发通用作战环境，简化美国陆军任务指挥系统，以及加快“高效功率生成与分配系统”的采办进度。美国陆军还计划为网络防护工具的采购增加资金，并加快企业网基础设施的维修和现代化改进。

四、成立网络跨职能小组支持新战略实施

美国陆军成立了网络跨职能小组（CFT），该小组 2017 年 11 月形成并实现了初始运行能力。跨职能小组包括一个集采购、科学技术、测试与评

估、开发、训练和集成为一体的核心专家组。跨职能小组支持新战略的4条工作线：

（1）统一网络：确保一个可用、可靠、弹性的网络，可在任何作战竞争环境下确保无缝连接。

（2）联合互操作性联合访问：确保美国陆军部队更高效地与联合部队/盟军在技术上和作战上进行交互。

（3）指挥所机动能力/生存能力：确保指挥所的可部署性、可靠性、机动性和生存性。

（4）通用作战环境：确保一套便于士兵操作和维护的简单直观的任务指挥应用组件。跨职能小组将利用经过验证的联合与特种作战解决方案，并已开始主动联系商业界寻求潜在

解决方案，然后进行试验和演示，重点是旅级和旅级以下的综合战术网络的可扩展性。

网络跨职能小组重点关注整合、速度和准确性，确保美国陆军的能力开发过程足够灵活、自适应，可以跟上技术变化的速度。

五、进行快速原型开发和试验

该战略报告非常重视美国陆军网络跨职能小组的作用，美国陆军将利用由高级官员组成的网络跨职能小组进行快速原型开发和试验。美国陆军认为，通过跨职能小组的运作，不仅能够缩短采办时间，而且还能促进性能更优系统的研发。跨职能小组实现了工业部门、士兵和指挥官之间的合作，这意味着能够提供“实时的作战反馈”，这些反馈信息有助于新一代网络的研发。

美国陆军计划在2018财年“对具有联合部队盟军接口能力的系统进行

初始原型机制造和评估”，如“move out/jumpoR”（MOJO）战术终端及其战术无线电应用扩展（TRAX）软件，以形成网络传输流。在 2018 年 4 月之后开展的驻地与作战训练中心的交替训练中，美国陆军计划在“演示、试验与快速原型机制造”阶段投资 1.8 亿美元。

通过对过渡能力的试验和演示，美国陆军旨在明确现行的哪些方案（包括商用、联合部队和特种作战部队）能够满足需要，哪些方案有吸引力但“适用性”还需进一步提高，哪些“能力沟”还需要更复杂的科技研发工作（由工业部门或政府主导）来填补。

六、WIN－T 计划未来仍将继续推进

根据该战略报告，美国陆军并未打算放弃 WIN－T 计划。尽管美国陆军决定在 2018 财年后终止 WIN－T“增量”2 系统及其“动中通”能力，但与此同时制定了一个 WIN－T“增量”1 的持续现代化与维护计划。

2020 财年将对 WIN－T“增量”1 进行能力升级，升级计划包括：通过虚拟化技术缩小尺寸，降低重量和功耗；通过部件更换减少维护需求；通过融合 WIN－T“增量”2 技术来巩固网络安全。

2018 财年陆军将继续为步兵旅战斗队和斯特赖克旅战斗队采购 WIN－T“增量”2 系统，同时将整合美国国防部主导的作战试验与评估中的最新研究成果。

七、结束语

美国陆军新的网络现代化战略全面总结了陆军战术通信网络存在的问

题，制定了短期解决方案和长期发展战略。特别是在短期方案中提出了快速有效的方法，旨在通过快速插入新技术和集中各方力量开发未来网络，并通过实战和演习加以验证，短期内应对威胁变化，使陆军时刻处于战备状态的同时不断提升对抗环境下的通信能力，与此同时还在积极寻求下一代解决方案以实现网络现代化。该战略是美国陆军战术网络现代化道路上的重大变化，为陆军战术通信能力的发展提供指导。

（军事科学院系统工程研究院　全寿文）

美国陆军网络战能力建设重点举措

美国陆军一直将网络战能力作为发展重点，近5年的年均经费投入超过19亿美元。从2017年开始，美国陆军网络战部队建设重点从提高网络作战能力转变为维持作战能力常备化。在美国国防部和美国国会的支持下，陆军网络司令部不断提高网络战的兵源质量，加强部队训练和预备部队建设，使网络战部队逐渐成为具有快速反应能力的常备化实战化力量。

一、拥有多种网络建军特权

兵源质量是网络战的核心，技术和装备的低成本快速采购是维持网络战优势的保障。美国国会和国防部授予陆军网络司令部多项特权以加强与此相关的能力建设。一是直接人事雇佣权，允许陆军网络司令部直接聘用非军事人员提供临时网络战服务。二是直接委任试点计划，可以将平民直接招募为陆军上校，但对年龄、学历、工作经验有严格的要求，目前的入选率不到2%。2018年7月，陆军网络战司令部首次直接招募和任命了两名网络战少尉军官，同时国会还批准在特殊领域直接任命军官的权力，如计算机专家、数据专家、逆向工程师和软件开发工程师。三是作战奖励计划，旨在鼓励军官、预备役和志愿兵，接受和执行陆军网络任务部队的相关训练和任务，享受该奖励的人员目前共有1850名，年度奖励总费用约160万美元。四是特殊任务薪酬计划，旨在补偿那些执行极其困难的任务或拥有特殊军事技能的士兵，享受此薪酬的人员目前共有1245名，年度总开销约10.8万美元。五是装备和技术有限采购权，允许陆军网络司令部利用“其他交易”等合同签订机制，回避政策上的繁文缛节，快速将创新和尖端技术成果用于实战。

二、重视专业人才建设

美国陆军官员表示，到目前为止，只有军医领域享受更高级别的直接任命，军医可以直接任命为上尉、少校和中校军衔，预备役军官可以作为正式上校重新服役。美军认为：对于网络战人才，军方不可能给出与该行业持平的薪资，但必须缩小差距，同时树立服务国家的意识，吸引尖端人才在部队服务。2018年8月，美国陆军时报称美国陆军计划从2019年开始为直接任命的网络战人才提供4万美元的入职奖金。陆军正在制定激励措施，鼓励网络战人才积极参加并继续服役，未来将为网络战军官每月支付500美元网络战津贴，为士兵支付300美元特别任务津贴。这两项津贴目前尚未在整个部队实施，标准仍在制定中。此外，陆军针对网络作战专家制定了选择性留用奖金，根据留任年限不同，奖金数额从1.53万~7.2万美元不等，其中技术型人才留任奖金为1.53万~5.76万美元，专家型人才留任奖金为1.92万~7.2万美元，非任命专家型人才留任3年或4年以上可以获得6万~10万美元的奖金，如果大学在校学生与陆军签订了定向入职协议，在毕业后进入陆军网络战部队工作，军方可以为其支付最高6.5万美元的学习贷款。

三、增强部队网络防御能力

一方面，美国陆军正在开发一种先进的网络防御分析框架，持续监控网络作战环境，同时拓展网络带宽，构建基于云的虚拟架构，年均投入超过4亿美元。未来，美国陆军将使用私有云、公共云和混合云来存储和保护数据，改善数据访问并实现全球互联。另一方面，陆军利用现代化信息技术和产品，淘汰和改进老旧信息系统和武器平台，提升终端可靠性。美国陆军计划将全部约100万台计算机的操作系统升级到Windows 10，2018年初已经升级完成了95%，同时根据美国国防授权法案1647款的规定，通过“陆军网络战恢复能力评估”计划，评估主要武器系统的网络弱点。根据该计划，陆军初步列出了24个高优先级系统，正在评估其中的13个，下一步将对27个关键基础设施开展评估。

四、加强网络作战理论演训

从2015年开始，陆军作战训练中心开始在陆军旅级战斗队中应用“网络电磁行动”概念，帮助旅级战斗队将网络战、电子战、频谱管理和态势感知融入作战过程，支持作战行动。通过9次演习验证，陆军作战训练中心探索了现有电子战部队在网络电磁行动中的作用，虚构了一支隶属于旅级战斗队的“网络战支援营”，确定了该营利用“网络电磁行动”概念支持远征作战行动的方法。这些经验直接用于支撑美军在伊拉克、叙利亚、阿富汗的作战行动，以及部署在韩国和欧洲的网络战部队。此外，陆军网络司令部正在塑造“多域战特遣部队”的网络电磁行动能力，并将经验用于支撑美军全球应急行动。“多域战特遣部队”是美国陆军根据“多域战”概念组建的一支试验性部队，验证所需的能力和部队建设。

五、提高训练水平与规模

从 2017 年 9 月开始，美国陆军网络部队建设重点从提高网络作战能力转变为维持作战能力常备化，发展模式转向可持续的战备就绪模式。在部队训练方面，隶属陆军网络卓越中心的网络学院于 2014 年成立，平均每年训练 900 多名网络士兵。2017 年，美国陆军计划投资 8510 万美元在网络卓越中心建立新的训练设施，可支持 1200 多名网络士兵同时训练，预计 2020 年建设完成。在后备部队建设方面，美国陆军正在按照现役网络任务部队的能力标准额外组建 21 支后备网络任务部队，其中在预备役部队组建 10 支，在国民警卫队组建 11 支。这些后备网络任务部队采用与现役网络任务部队相同的训练标准和装备，将陆军网络任务部队的总数量增加到 62 支，计划在 2022 财年达到初始作战能力，2024 财年全面部署。

六、组建试验机构验证网络战战术

美国陆军 2017 年组建了网络研究与分析实验室。该办公室隶属于美国陆军研究实验室，跟踪最新网络技术并快速应用于实战，在面对紧急威胁或特殊任务时，也可直接遂行网络战任务。网络研究与分析实验室的编制为 40 ~ 50 人，囊括网络战专家、工业界人士、IT 专家和学术界代表，领域涵盖大数据分析、工控系统、自动化系统、虚拟化技术、机器学习和人工智能等。成员的日常工作包括网络威胁侦测工具分析、现有网络威胁评估、收集前线部队或机要部门的网络威胁报告、研究新型网络战能力、升级网络战平台、监控军用网络异常等。美军认为，反应时间是网络战的关键，如果不及时针对威胁做出反应，对手很可能在短时间内连续改变网络战战术和突破方向，从而迅速将攻击效果最大化。为此，美国陆军计划开展代号“网络探索”的系列网络防御演习，模拟军用IT系统、计算机网络、通信网络、传感器网络以及依赖网络进行交互的武器系统遭到大规模网络攻击的情况，网络研究与分析实验室负责制定演习计划、评估演习结果。

（中国兵器工业集团第二一〇研究所　于洋）

陆战智能化发展态势

2018 年，外军多种自主无人平台完成作战能力验证，以无人机“蜂群”试验为代表的智能体系，展现出了足够的技术可行性，这些成果正在推动武器装备向智能化体系迈进。随着智能科技研发与应用的开拓，陆战智能化正在迈向新的高度。

一、发展策略

陆战智能化当前主要是研究利用网络、大数据、物联网、生物交叉、人工智能等技术和方法，不断提升智能化条件下军队作战能力。

（一）科技发展方向

国外陆战智能化发展主要集中在4 个方面：一是仿生智能，核心是模仿人的大脑或生物的优异功能，将人和生物的智能赋予机器。二是机器智能，以不同于人但适合机器的逻辑产生智能，主要指机器利用各类智能技术完成任务的能力。三是群体智能，通过大量低成本、集群化作战平台与系统的构建，具备智能协同探测、打击、防御等多种作战功能，实现群愚生智、以量增效、集群涌现性效应的战术价值。四是人机混合智能，将人工智能和人类智能有机融合，实现人机交流、人机协作、人机共融等综合功能，这可能是智能化长远发展的主流方向，将带来光明前景。

（二）主要应用领域

国外陆战智能化应用主要体现在四个方面：一是单装智能，主要包括仿生智能、机器智能等，如无人机、无人车、无人船、仿生机器人、制导弹药等。二是协同智能（或群体智能），主要包括集群智能、人机融合智能、有人无人协同等强关联作战系统。三是体系智能，主要包括智能感知、智能决策、智能打击、智能防御、智能保障等多要素、跨领域、全过程综合作战力量的运用。四是高级智能，主要指分布式云中数据、模型、算法衍生的自学习、自适应、自对抗、自协同、自演进等高级智能。

二、发展现状

陆战智能化是智能科技与作战体系、作战样式、武器装备和算法的高度融合，形成智能感知、智能决策、智能打击、智能防御等多要素、跨领域、全过程综合运用。

（一）智能化网络信息体系正在全面推进

美国陆军通过颁布云计算技术标准，规范云计算发展，优化整合数据中心，推动云计算的应用，对掌握战略主动、全面获得智能优势起到关键作用。2014 年，美国陆军首个私有军事云系统“美国陆军分布式通用地面系统”部署到阿富汗，成为首个用于实战的战术云计算节点。该系统有固定式、嵌入式和移动式三种配置，此次部署的是移动式系统，主要为地面士兵提供实时信息。未来，美国陆军将使用私有云、公共云和混合云来存储和保护数据，改善数据访问并实现全球互联。

在指挥控制与决策方面，美军指挥控制系统正在由第二代向第三代升级，军事智能科技在其中的应用不断提升。2016 年底，美国陆军启动了“指挥官虚拟参谋”项目，将综合应用认知计算、人工智能和计算机自动化等技术，应对海量数据源及复杂战场态势，提供主动建议、高级分析及考虑个人需求和偏好的自然人机交互，为指挥官及参谋提供从计划、准备、执行到行动回顾的全过程决策支持。

（二）人机协同和自主集群迈向实用化

国外蜂群组网协同已经探讨论证了多种模型和算法，逐步开始实用化、工程化。2017 年，美国国防部测试了由 3 架 F/A－18“超级大黄蜂”战斗机释放了 103 架“山鹑”微型无人机攻击系统。当“山鹑”无人机降落到一定高度后，以高精度通过一系列导航点，到达预定目标位置。每架“山鹑”无人机都能彼此通信，集体扑向目标，可作为诱饵迷惑敌防空系统，或者配备电子发射机干扰雷达，保证战斗机的安全。目前，美国国防部已经将“山鹑”无人机纳入“未来战斗网络”，或许不久将执行作战任务。2018 年，DARPA 启动“进攻性蜂群战术”项目，研究由 100 架地面和低空无人系统组成的集群在城市环境下自主执行任务的能力。

（三）军事决策和兵棋推演大量应用智能算法

算法、数据和计算构成军事智能化发展的三大源动力，其中算法是用好数据和计算能力的关键，处于核心位置。2017 年，美国国防部成立“算法战跨职能小组”，加强与国防情报任务领域相关的、基于算法的技术投入，包括所有关于开发、利用或部署人工智能、自动化、机器学习、深度学习及计算机视觉算法的工作。该小组 2018 年预算超过 1.3 亿美元，首要任务是提升战术无人机和中空侦察监视信息的自动化处理能力。该小组与谷歌等6家公司展开合作开发了4套智能算法，首个算法已经在2017年12月交付。

美军已将算法与兵棋推演系统深度融合，能够基于一系列算法公式测试作战计划，预见战争走向与结局，如美军拓展防空兵棋系统的视线算法公式。该系统集分析、训练、作战规划于一体，能够对导弹预警、拦截、打击进行较为精细的模拟。美国陆军计划未来着力发展计算机视觉模型、数据标记技术、算法生成数据交互接口、本地算法生成数据的存储和索引功能，以及可处理口头和书面文字的语言算法等。

（四）士兵综合系统广泛集成智能科技成果

信息技术、新材料技术和生物技术的交叉融合使得人的体能、技能和智能将进一步得到扩展。目前，国外正在通过可穿戴设备、合成生物技术等，提升士兵的体能、速度和认知力，技术突破口主要集中在智能作战服、外骨骼、脑机接口等领域。

智能作战服方面，美国2016年研究并测试了“勇士织衣”作战服，能使士兵在长时间负重45千克的情况下，体能消耗降低25%。未来，智能作战服将向集防弹、防化、助力、身体监控、伤情处置、隐身等功能于一体的方向发展。

外骨骼方面，美军研制的人体负重外骨骼能使士兵在负重91千克情况下，以16千米/小时的速度行进。未来外骨骼研究将从局部拓展到全身，从单纯的负重拓展到助跑、助跳、辅助瞄准等功能，脑控外骨骼将成为发展重点之一。

脑机接口方面，美军开展了“美杜莎”脑控头盔研究，通过脑电波直接控制目标，实现士兵之间的无声交流。DARPA正在积极开展脑机接口前沿探索，研究通过非侵入式脑机接口控制机械手臂抓取物体，平均成功率超过 80%，验证了大脑直接控制无人机飞行路径和战斗机的飞行姿态。

三、关键技术

当前，陆战智能科技关键技术主要包括深度学习/机器学习、模式识别、专家系统等，类脑芯片、仿生、物联网和大数据/云计算技术为陆战智能化发展奠定了基础。其中，脑与认知、模式识别是当前的研究热点。国外从事相关领域研究且具有重大影响的研究机构包括美国麻省理工学院、斯坦福大学、卡内基·梅隆大学、IBM 公司、谷歌公司等，日本日立电气技术综合研究所（ETL）、早稻田大学等，英国爱丁堡大学、伦敦大学，以及俄罗斯的控制问题研究所。

（一）深度学习/机器学习技术

机器学习是人工智能的核心，专门研究计算机怎样模拟或实现人类的学习行为，以获取新的知识或技能，重新组织已有的知识结构并不断改善自身的性能。深度学习是机器学习研究中的一个新领域，其目标在于建立、模拟人脑进行分析学习的神经网络，模仿人脑机制来识别图像、声音和文本等数据，是目前最接近人脑的智能学习方法，有望将人工智能带上新台阶，将对一大批产品和服务产生深远影响。目前，深度学习/机器学习是计算智能领域热度最高、科研成果最密集的领域。美国目前拥有 263 家从事深度学习/机器学习领域研究的公司。谷歌近年来完成了对 DeepMind、AndrewZisserman 等多家公司的收购，以提升自己在机器学习方面的能力，并研发了 AlphaGo 围棋程序。

2006 年，DARPA 启动“综合学习”项目，旨在创建一个能像人一样学习并可执行多种复杂任务的推理系统，以显著扩展机器学习的任务类型，为研制自主系统打下基础。2010 年，DARPA 启动“深度学习”项目，旨在构建一个通用的机器学习引擎。“深度学习”项目可以完成需要高度抽象特征的人工智能任务，如语音识别、图像识别和检索、自然语言理解等。该项目源于人工神经网络的研究，采用了包含多个隐藏层的深层神经网络模型，利用隐藏层，通过特征组合的方式，逐层将原始输入转化为浅层特征、中层特征、高层特征，直至最终的任务目标。2015 年，DARPA 启动“对抗环境下的目标识别与自适应”项目，应用机器学习领域的最新研究成果，有望在合成孔径雷达图像中自动定位和识别目标，增强飞行员的态势感知能力。

（二）模式识别技术

模式识别通过信息技术和数学方法来研究模式（文本、声音、图像、视频等）的机器自动处理和判读。模式识别尤其是其中的算法如分类识别、模糊匹配、人工神经网络、贝叶斯决策等，是人工智能其他分支（如自然语言理解、语音识别、生物识别、机器视觉、机器学习等）的方法基础，同时模式识别更是军事领域精确制导武器和战场感知中目标识别的基础。美国雷声公司是精确制导武器和先进传感器研发的龙头企业，也是导弹目标识别技术的领跑者。雷声公司每年销售额达 240 亿美元以上，美国国防部是雷声公司的最大客户和支持者。DARPA 2014 年资助雷声公司 1940 万美元开展新型三维光电成像传感器研究，运用更先进的目标识别技术捕获超出接收系统物理孔径衍射极限的目标。雷声公司产品主要是精确制导武器和先进传感系统（天基反导红外探测阵列），覆盖微波、红外、激光、可见光各类制导方式，广泛用于空空、空地、地空和地地导弹，以及雷达、光电等战场探测系统。战斧基于弹载实时数字图像模式识别的地形匹配制导如图 1 所示。

图 1　战斧基于弹载实时数字图像模式识别的地形匹配制导

（三）类脑芯片技术

认知计算通过模仿生命认知机理和过程如知觉、记忆、推理、创造等，并使用信息技术模拟人类认知方式处理实际问题。20 世纪 90 年代开始，认知计算首先被提出，用于描述模拟人脑功能的计算机技术。美国计算机科学家约翰巴斯克把计算机技术分为 4 个阶段，即硬件、软件、网络和通信、认知计算技术。2006 年开始，IBM 公司的 Almaden 中心发起认知计算年会，专注于认知复杂理论和神经生物学，解释各类认知现象并寻求认知的机器化，IBM 公司还于 2008 年启动模拟人脑计算的“蓝色大脑”计划。

美国军方将认知计算作为未来信息处理的重大发展方向。2003 年，DARPA 便启动“认知计算”计划，这是继 20 世纪 70 年代“战略计算机计划”（SCP）、“高性能和通信计划”（HPCC）、“加速战略计算计划”（ASCI）以来又一个重大信息技术创新计划。其中，IBM、斯坦福大学、哥伦比亚大学、康奈尔大学等均获得了认知计算计划的支持。在认知计算计划“SyNAPSE”项目的支持下，2011 年 8 月，IBM 公司研制出“认知计算芯片”（图2），该芯片采用45 纳米SOI－CMOS 技术制作，基于神经生物学原理，形成了“神经突触内核”，能够通过经验学习、发现关联、创造假设和记忆，并且从结果中学习，模仿大脑结构和突触可塑性。

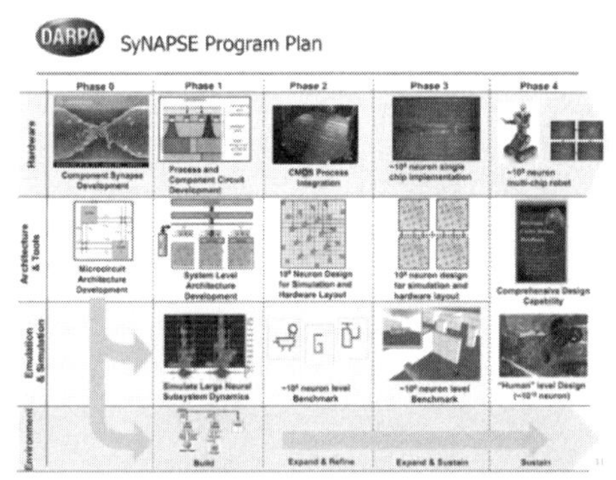

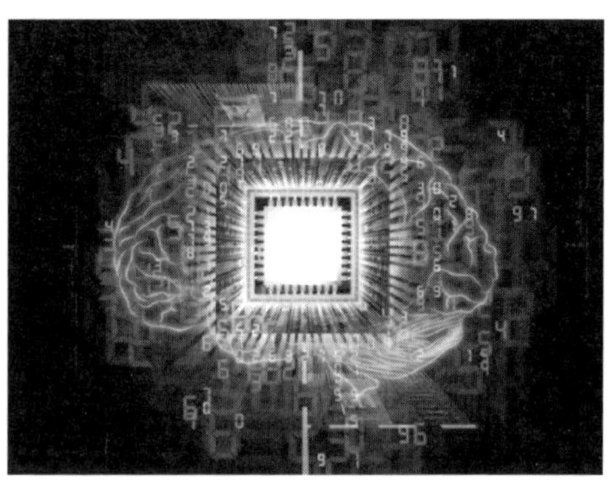

图2　DARPA“SyNAPSE”项目及IBM“认知计算芯片”

（四）军事仿生技术

生物技术是当今世界发展最快、最为活跃的技术领域之一。有专家预测，生物技术与其他技术的交叉发展将主导和决定下一轮科技革命。

（1）脑机智能交互。通过人员大脑思维意识和生理心理特征监测、干预，围绕目标快速识别、平台操控、武器控制、指挥控制、生理心理状态实时监控、人员选拔训练等方面的应用，实现基于脑机的武器装备智能控制与交互，大幅度提升武器装备整体作战效能与智能化水平。

（2）仿生机器人。国外仿生机器人种类丰富、外形逼真，功能齐全，可在战场上执行排爆、侦察、搜救、运送物品和伤员等活动。目前，已研制了人形机器人、四腿/六腿步行机器人、爬行机器人、仿生无人机和仿生鱼等多种类型，并在阿富汗战场中投入使用，其技术水平趋于成熟。

（3）军事仿生技术。主要包括仿生结构总体与设计、仿生智能材料与控制、仿生探测感知与识别、仿生导航/制导与控制、微小型能源与动力、新型毁伤与微毁伤、仿生集群组网协同等技术。

（五）军用物联网技术

物联网军事应用主要包括战场感知、智能控制、精确作战保障等各系统要素的有机协同。DARPA 目前正在研发的“神经工程系统设计”是一种可植入机器人体内的神经系统，实现机器人与人脑的实时对话，正在研发的变革型应用程序项目——TransApps，可以给在前线作战的人员传输高清数字地图图像数据，而当作战人员完成任务后，其作战时所经过的区域也会被自动更新到最新的地图数据中。

物联网在非作战领域的应用主要包括物流、训练、演习等方面。美国国防部国防后勤局和运输指挥部使用射频识别标签来跟踪运输与管理中央物流中心之间的库存，实现了后勤保障的精准化、便捷化。在训练中，使用摄像机、运动传感器和声学传感器跟踪士兵训练过程，发送数据到教官的移动设备，以便实时指导士兵。在模拟演习中，使用集成激光介入系统，模拟步兵战斗使用的空包弹和激光，模拟火炮等大规模杀伤性武器，让教官实时监测战场的过程。

（六）大数据/云计算技术

亚马逊、谷歌、雅虎、推特、脸书等积累了大量的用户信息。到 2020 年，数据总量将达到 40 万亿吉比特，较 2011 年提升 21 倍。通过挖掘数据背后的规律，大数据为人工智能和智能决策提供了数据基础，也为机器学习提供了训练数据库。围绕神经网络开发的新型高性能计算芯片及架构不断涌现。随着英特尔处理器由 CPU 为主转变为 GPU 为主 CPU 为辅的结构，计算机运行速度提升了近 70 倍。谷歌的机器学习定制芯片 TPU、Altera 公司和 IBM 公司使用的芯片 FPGA，分别在分析、预判效率和灵活性上有突出优势。这些新型高性能计算芯片及架构为人工智能处理和分析恐怖主义相关信息奠定了技术基础。

四、结束语

陆战智能化受到国外军方的高度重视。美、俄已将智能科技置于维持其全球军事大国地位的战略核心，在发展理念、发展模式、组织方式、创新应用上已发生了重大转变，开展了实质性的应用与实践。

（中国兵器工业集团第二一〇研究所　于洋）

新型动力技术及应用前景分析

近年来，国外积极探索新型车用动力技术。2018 年，美国液体活塞公司启动高效混合循环转子发动机工程样机的研发工作；轮毂驱动技术在“地面 X 车辆”上进行了演示验证。此外，液力机械无级变速箱技术、自由活塞发动机—线性发电机技术等技术也取得阶段性研究成果，为未来军用车辆及其他平台的动力系统发展奠定了基础。

一、高效混合循环转子发动机有利于实现车辆轻量化

高效混合循环转子发动机克服了汪克尔转子发动机燃烧不充分、散热大、密封性较差等问题，输出功率范围从数千瓦到数百千瓦，可用作坦克装甲车辆的动力。该发动机结构紧凑、功重比和热效率高，在实现车辆平台轻量化的同时，还可为车辆总体布局预留空间。

（一）采用三角形机体与椭圆形转子配合的创新设计

美国液体活塞公司研发的高效混合循环转子发动机摒弃了汪克尔转子发动机的三角形转子和椭圆形机体结构设计，而是采用三角形机体和椭圆

形转子的全新设计。转子与机体3个内凹侧面分别形成3个独立腔室，随着转子旋转，每个腔室分别独立完成一个工作循环（包括进气、压缩、膨胀、排气4个冲程），同一时间3个腔室处于工作循环的不同阶段，转子每旋转1周发动机完成3个工作循环；转子的内齿圈与偏心轴齿轮啮合，带动偏心轴旋转，输出动力。

（二）进入工程样机研发阶段

美国液体活塞公司从2007年起开始研发高效混合循环转子发动机，已推出多款原理样机，样机功率等级为30～50千瓦。2015年4月，DARPA开始资助液体活塞公司研发转子发动机。2016年12月，DARPA与液体活塞公司签订X4转子发动机项目第一阶段合同，开发功率为30千瓦的X4转子发动机原理样机（图1）。2018年6月，公司完成原理样机研制，样机功率为30千瓦、排量为0.75升，功重比达1.62千瓦/千克。2018年7月，DARPA与液体活塞公司签订X4转子发动机第2阶段合同，开发主要性能指标与原理样机相同的X4工程样机，加装供油、润滑、冷却、控制等辅助系统，实现热效率45%，外形尺寸进一步减小。

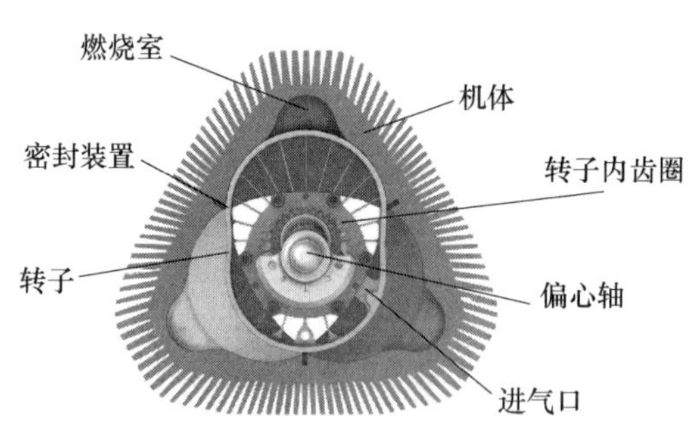

图1　X4转子发动机结构示意图

（三）关键技术涉及燃烧技术、传热技术和密封技术

X 型转子发动机的高效混合循环工作过程结合了迪塞尔循环、奥托循环、阿特金森循环3 种热力学循环的优势，显著特点是热效率高，涉及的关键技术主要包括燃烧技术、传热技术和密封技术。X 型转子发动机在接近定容条件下燃烧时间较长，燃烧压力高，燃烧更充分；燃烧室几何形状可近似为球形，比表面积小，传热损失小；密封装置在静止的机体内，不随转子运动，不承受离心力，密封好，燃烧气体与机油泄漏少。

二、轮毂驱动技术是军用车辆动力系统重要发展方向之一

与传统驱动形式相比，轮毂驱动具有多种优势：取消变速箱、传动轴、驱动桥等传动装置，简化动力系统；减轻车重，提高车辆单位重量功率，增大车辆有效空间，提高载员数量、武器配置、防护等设计灵活性；增强乘员生存力，遭遇车底爆炸时，轮毂驱动部件向乘员舱飞散的概率小，不易造成乘员伤亡。

（一）将电动机集成在轮毂内可直接驱动车辆

轮毂驱动系统主要由高功率密度小型永磁电动机、变频器、行星变速机构、摩擦盘式制动器、主动冷却系统等组成，集成在轮毂内，采用全新密封轮毂结构设计解决防尘问题。系统通过变频器调节电动机功率和旋向，控制车速和运动方向；通过变速机构减速增扭，降低对电动机性能的要求；通过飞溅润滑将热量传递到轮毂外壳上，利用温度测量装置监测轮毂温度，控制润滑油流量，实现主动冷却。

（二）已在不同的地面平台上进行装车试验

近年来，美国、英国、西班牙等国均开展了轮毂驱动技术研究。其中，

美国国防高级研究计划局向英国奎奈蒂克公司投资420万美元，为“地面X战车”项目研发和测试轮毂驱动系统样机。奎奈蒂克公司开发出轮毂驱动系统样机，单个样机输出功率为115千瓦，车辆单位功率为32.8千瓦/吨。西班牙机器人自动化公司开发的“萨米特”系列轮式无人车采用4个高功率轮毂无刷伺服电动机（200~500瓦）及变速机构，最大速度可达10.8千米/小时。

（三）关键技术主要涉及冷却技术和轻量化技术

电传动车辆运行工况复杂多变，轮毂电机安装在狭小的车轮内，容易出现冷却不足导致电机过热。车辆制动时，制动器产生较多热量，热量会直接传到电机上，导致电机过热。当永磁材料达到140℃以上时会导致退磁现象，从而直接影响整车性能。目前轮毂电机冷却系统还不够完善，开发合适的轮毂电机冷却系统，通过风冷、水冷等方式分别对转子、定子进行降温处理，从而避免永磁材料退磁。轮毂驱动系统各部件均可采用尺寸优化、结构优化及新型材料选择等方法实现轻量化。轮毂电机的轻量化可以通过提高功率密度、电机结构优化设计等方法实现。

三、液力机械无级变速箱技术兼具无级控制和直接齿轮驱动的优势

液力机械无级变速箱技术兼具无级控制和直接齿轮驱动效率高的优势，可用于新研车辆和升级改造车辆，能够提高推进系统效率，延长发动机寿命。履带式车辆的动力组件升级时，传统方法会导致巨大的硬件成本和潜在的设计成本，液力机械无级变速箱技术能够提供所需的牵引力和机动性（最大速度和加速度），为解决不断攀升的车重问题提供一种优选方案。

（一）液力机械无级变速箱同时满足车辆速度和扭矩要求

液力机械无级变速箱采用静液驱动和机械式齿轮系统，通过持续操控并联的液力功率流和机械功率流来实现输入轴与输出轴速度比无限变化，从而使发动机速度完全独立于变速箱的输出速度，最终发动机和变速箱以最高效率运行，能够同时满足用户对车辆速度和扭矩的要求。

（二）液力机械无级变速箱适用范围广

目前主要是美国开展液力机械无级变速箱研究，对 HMX3500e、HMX4000e 和 HMX4500e 变速箱的架构设计、功率流控制、制动安全性、转向模式等进行了深入研究，该系列变速箱主要有如下几种运行模式：普通模式、65% 坡上运行、最高速度运行、电发动机运行模式、未来静默运行模式。其中，HMX4500e 变速箱在只有发动机运行情况下也能够推进车辆，即使变速箱出现故障也能保持运行模式。该系列变速箱功率范围为 588 ~ 1103 千瓦，可适用于 30 ~ 70 吨的车辆重量。

（三）关键技术主要涉及液力机械变速箱技术、功率分流技术、同步换挡技术

液力机械无级变速箱涉及的关键技术主要有液力机械变速箱技术、功率分流技术、同步换挡技术。液力机械变速箱是系统的核心，提供所需机械功率；在输入端采用齿轮组将功率在液力功率流和机械功率流之间拆分，通过持续操控液力机械无级变速箱并联的液力功率流和机械功率流实现输入轴与输出轴速度比无限变化，从而使发动机速度完全独立于变速箱的输出速度；传统的自动变速箱、双流控制变速箱和双离合器变速箱在各级之间切换时需保持发动机转速不变，液力机械无级变速箱能够真正实现同步换挡，在整个运行范围内同步换挡实现变速箱真正无级控制。

四、自由活塞发动机－线性发电机技术优势与挑战并存

自由活塞—线性发电机是一种全新的驱动概念，能够扩大电动车辆的行程，可在电动车辆电池耗尽时提供电力。通过专门为自由活塞—线性发电机开发的测试平台，研究人员证明了这项技术的可行性。自由活塞—线性发电机优点是结构组件少，总体重量轻，生产成本和维修费用低。但是，失火问题是自由活塞发动机—线性发电机所面临的重大挑战，任意工作循环出现的失火状况均意味着整个系统将停止运行，有待进一步优化。

（一）自由活塞发动机—线性发电机直接耦合自由活塞发动机与直线发电机

自由活塞发动机—线性发电机是由自由活塞发动机与直线发电机通过连杆直接耦合在一起的新型发电系统。这种发电系统主要的特征是省略曲轴连杆结构、飞轮及其他传动机构，活塞直接与发电机动子相连；燃料在汽缸内燃烧，使活塞组件往复直线运动带动直线发电机动子来回切割磁感线，直接转化为电能输出或者存储，由于活塞组件自由度较高，可以根据人为的通过控制电磁力设定活塞组件的运动规律来完成整个工作循环。

（二）自由活塞发动机—线性发电机处于样机研究阶段

美国、澳大利亚等国开展自由活塞发动机—线性发电机研究。美国桑迪亚国家实验室已经研制一款二冲程对置点燃式自由活塞内燃发电机的试验样机。该样机缸径为36.4毫米，活塞最大行程为50毫米，活塞的平均速度为2.37米/秒，样机工作频率为23.1赫时，对外输出的功率为316瓦。西弗吉尼亚大学提出一种四冲程自由活塞内燃发电机的样机结构。澳大利亚佩姆佩科系统公司提出一种自由活塞动力模块的方案，为电动车辆提供

高效率、低排放的紧凑型动力源。

（三）关键技术主要涉及总体设计、系统功率分配和控制策略

自由活塞发动机—线性发电机关键技术主要包括总体设计、系统功率分配和控制策略等技术。自由活塞发动机—线性发电机主要有 4 种典型结构，分别是单汽缸单活塞式、对置活塞单汽缸式、对置活塞双汽缸式和 H 型（四汽缸四活塞式）。自由活塞发动机—线性发电机通过电控单元集中控制，喷油量控制器根据需求调节控制输入功率涡轮和发电机之间的能量分配。自由活塞发动机—线性发电机根据起动或低速行驶、低负载/低速行驶、正常行驶的安全荷电状态（70% ~30% 荷电状态）、正常行驶的低荷电状态（30% 荷电状态以下）等工况制定控制策略，通过合理的控制策略，对其能量分配进行优化，以满足各种工况需求。

五、结束语

目前国外正在开展新型转子发动机、液力机械无级变速箱等新型动力技术研究，这些动力技术尚处于实验室探索研究或样机装车测试阶段，距离实际应用还有一定的差距，需要进一步研究解决，但是其新颖的理念和先进的技术指标值得关注，未来将随着新技术的发展向实用化推进，达到或接近实用水平，成为军用车辆未来发展的重要候选技术，应用方向主要包括轻型战术车、卡车甚至装甲战车主动力与辅助动力、无人车辆动力以及发电装置。

（中国兵器工业集团第二一〇研究所　贾喜花）

美国陆军构建新一代火力打击体系

2018 年 3 月，美国陆军公布了“远程精确火力”项目主要内容。该项目要在陆军新一代战术导弹研制工作的基础上，进一步整合大口径榴弹炮、火箭炮、增程制导炮弹、战略导弹等陆军火力打击装备发展计划，按照近战火力、纵深火力、战略火力三个层次对陆军未来火力打击体系与能力进行整体规划和设计，这标志着美国陆军新一代火力打击体系构想已基本成形。

一、新一代火力打击体系建设是美国陆军现代化战略的重中之重

“远程精确火力”项目是美国陆军为满足未来大国战争和多域战概念的作战要求而提出的，是陆军现代化的重点项目之一。

（一）新一代火力打击体系旨在重建陆军远程火力打击优势

美国陆军认为，美军近年来主要致力于反恐和维稳作战行动，俄罗斯等潜在敌对国在此期间大力开展军事装备现代化，军事实力大幅提升，有可能发展成与美军势均力敌的对手。与俄罗斯相比，美国陆军远程火力打击武器在射程、数量、战斗部种类等方面都不占优势。美国陆军弹药普遍

采用 GPS 制导，在未来强干扰作战环境下有可能无法实施精确打击。俄罗斯等国家还装备有先进的防空导弹系统，执行“反介入/区域拒止”策略，这使得美军在此前战争中依仗的空中优势无法有效施展，美国陆军需要摆脱对空中火力支援的依赖，建立精确、有效、快速响应和适应性强的面对面火力打击能力。此外，美国陆军近年来积极推行多域战概念，这要求陆军火力打击武器能在联合作战中为其他军种提供支援。

（二）“远程精确火力”被陆军列为六大优先发展项目之首

2017 年 10 月，美国陆军部时任代理部长和陆军参谋长共同签署《美国陆军现代化重点》文件，提出实施美国陆军现代化战略需要发展的 6 个重点项目，包括“远程精确火力”“下一代战车”“未来垂直起降飞行器”“陆军网络”“防空反导”和“士兵杀伤”。其中，“远程精确火力”项目排在 6 个现代化项目首位（图 1）。

图 1　美国陆军现代化 6 个重点项目及其目标

二、按照近战、纵深、战略三个层次构建陆军新一代火力打击体系

美国陆军“远程精确火力”项目整合了多个目前正在开展的装备研制项目，并进行了拓展，主要包括近战火力、纵深火力和战略火力三部分内容，涉及火炮、火箭炮、导弹等陆军主要远程火力打击装备。

（一）近战火力的目标是提升大口径榴弹炮射程

“远程精确火力”项目的近战火力部分主要是正在开展的“增程火炮”项目（ERCA），大致分三步实施：第一步，在2021财年装备XM1113火箭增程炮弹，通过改进推进剂和优化弹体气动外形，使现有39倍口径155毫米火炮的射程增至40千米，与“神剑”制导炮弹相当，但成本要低得多，并能够配装精确制导组件。陆军还计划研制配装导引头的“神剑”HTK制导炮弹，使其能够在GPS拒止环境下打击移动目标。第二步，研制58倍口径的155毫米火炮和自动装弹机，使火炮射程增至70千米，射速达到6～10枚/分钟。第三步，使火炮射程超过100千米，目前尚没有具体的实施方案，可能采用的方案包括冲压增程炮弹、电磁导轨炮发射的超高速炮弹、更大口径的火炮等。

（二）纵深火力的目标是提升火箭炮和战术导弹射程

纵深火力部分主要是“精确打击导弹”项目。美国陆军计划将“精确打击导弹”项目进度大幅提前。该导弹原计划2027年装备，现提前至2019财年进行样弹飞行试验，2022年底或2023年初装备部队。按照陆军当前要求，“精确打击导弹”射程将达到499千米，可由M270和“海玛斯”火箭炮发射，打击地面和海上移动目标，也可以投放子弹药打击重型装甲目标，

或投放侦察巡飞弹进行远距离侦察。雷声公司和洛克希德·马丁公司参与了项目竞标。陆军还计划未来将“精确打击导弹”的技术运用于火箭弹，使其射程达到150千米，是目前的2倍。

（三）战略火力的目标是使陆军具备对战略目标的打击能力

战略火力部分将通过研究火炮和导弹技术，使陆军火力打击范围达到美俄《中程导弹条约》允许的上限，能够突破“反介入/区域拒止”防御，打击战略射程内的关键目标。由于《中程导弹条约》未来有可能修改甚至废除，因此美国陆军的战略火力打击范围有可能达到2250千米。美国陆军将战略火力部分视为“远程精确火力”项目的研究重点，将尝试多种途径来实现这一能力，但目前尚未公布具体方案。

（四）兼顾当前的作战能力需求

除上述装备外，美国陆军还将在“远程精确火力”项目下采取一系列措施，满足当前作战需求，包括：增加“海玛斯”多管火箭炮装备数量，加快M109A7“帕拉丁”榴弹炮的装备进度；提高制导火箭弹的生产率，增加陆军弹药储备；开展陆军战术导弹系统延寿项目，该项目的部分技术将用于“精确打击导弹”项目。

三、组建跨职能团队，加快体系建设步伐

2017年10月，美国陆军部设立远程精确火力跨职能团队，其主要任务是针对“远程精确火力”项目的目标进行具体的能力规划，制定实施路线图，通过开展试验和技术演示来确定技术需求，确保所发展的装备和能力在技术上可行、在成本上适当，为陆军的装备研发决策提供支撑，将技术需求开发周期从过去的3~5年缩短至1年以内，加快武器装备从概念向备

案项目的转化。

（一）团队由来自陆军各主要司令部和部门的人员组成

美国陆军跨职能团队是针对特定项目成立的横向组织，其成员来自陆军各主要部门和司令部，包括陆军训练与条令司令部，负责采购、后勤与技术的陆军部部长助理办公室，陆军装备司令部，陆军测试与评估司令部，陆军合同司令部，负责财务管理与审计的陆军部部长助理办公室，陆军司令部以及陆军参谋部。参与跨职能团队的采购项目主管需要向所属的项目执行官和陆军采办执行委员会汇报。跨职能团队主管由陆军副总参谋长主持的专家组提名，陆军参谋长批准。专家组由陆军部部长助理、陆军部下属各司令部指挥官、各副参谋长等陆军主要领导组成。跨职能团队主管目前直接向陆军部副部长和陆军副总参谋长报告，未来将归陆军未来司令部管理。陆军未来司令部按计划将在 2018 年内达到初始作战能力。远程精确火力跨职能团队的主管目前由美国陆军野战炮兵学院的校长斯蒂芬·马兰尼亚准将担任。

（二）团队分三个阶段开展工作

跨职能团队的工作将分三个阶段展开：第一阶段根据陆军部指令成立跨职能团队，开展规划和协调工作，向陆军部副部长和陆军副总参谋长提交项目的战略能力路线图，准备开始能力开发工作。第二阶段根据陆军部副部长和陆军副总参谋长批准的战略能力路线图和跨职能团队规划，进一步凝练需求，与工业界、学术界和作战人员合作开展装备方案分析阶段前的试验和技术演示，形成最终的能力需求，并获得陆军部副部长和陆军副总参谋长认可。跨职能团队在此期间会确定所需装备的关键性能参数和关键系统特性；评估技术需求和当前技术水平，明确技术目标；制定寿命周期维护规划和测试与评估规划；开展独立成本估算。第三阶段的目标是将第二阶段形成的能力需求转入采购系统，形成备案项目，获得里程碑决策机构签署的装备研发决策采办决策备忘录。备案项目通常要达到里程碑 B，也就是进入工程与制造研发阶段。

四、陆军各研究机构围绕体系建设积极提供技术支撑

美国陆军下属科研机构正在开展一些与远程火力打击武器相关的研究项目，积极为“远程精确火力”项目的能力需求分析和装备研发工作提供技术支撑。

陆军航空和导弹研发与工程中心正在开展“低成本战术增程导弹”项目和“陆基反舰导弹”项目，前者旨在开发用于“精确打击导弹”的战斗部与引信技术、导航技术和动力技术，后者旨在开发使陆军现役火箭炮和火炮系统具备打击水面舰艇能力的传感器、数据链和战斗部等相关技术。此外，陆军航空和导弹研发与工程中心还在开展“多任务攻击导弹”项目和“弹群协同攻击技术”项目，用于为小型远征部队提供火力打击能力，执行“反介入/区域拒止”环境下的近距离作战任务。陆军通信电子研发与工程中心表示，可以为“远程精确火力”项目提供新一代火力打击雷达技术、可扩展的多功能自适应无线电技术、优化的能源存储技术，以及防区外目标探测、识别与定位技术，传感器互操作技术，网络支撑技术和导航、定位与授时技术。陆军研究实验室正在开展“战场环境分布式与协同打击”项目，研究制导炮弹的协同作战能力，使“反介入/区域拒止”环境下分散作战的多个火力打击单元能够协同完成作战任务。

五、结束语

（一）新一代火力打击体系将带来美国陆军远程火力打击能力的跨越式提升

从目前公布的规划看，美国陆军新一代火力打击体系的作战能力较现有装备有大幅提升：首先，火炮、火箭炮、导弹等主要远程火力打击武器的射程提升约1倍，并在发展战略打击能力，可使美国陆军无需空中火力支援即可对远距离目标实施打击；其次，重视发展不依赖GPS的制导技术，保证制导武器在未来强电磁对抗和干扰环境下的精确打击能力；最后，拓展目标范围，发展地面火力打击武器的反舰能力，满足多域战的要求。

（二）新技术的应用将极大丰富未来陆军火力打击作战概念和手段

美国陆军目前正在开发的多项新技术未来都有可能用于新一代火力打击装备，包括陆军研究实验室正在开发的基于计算机视觉的制导技术、陆军航空和导弹研发与工程中心开发的弹群协同攻击技术等。这些新技术的应用将有效支撑陆军作战需求，丰富火力打击手段。此外，陆军还将在“陆军网络”项目下建立低延迟任务指挥网络，以便有效连接传感器和发射人员，构建“传感器—射手—火控系统—弹药”这一完整的杀伤链。

（中国兵器工业集团第二一〇研究所　王建波）

美国陆军弹药协同攻击技术发展分析

弹药协同攻击技术是美国军方高度关注并大力发展的新型弹药技术，可提高美军在复杂战场环境下的作战能力。2018 年初，美国披露了两个正在开展的弹药协同攻击技术项目，即美国陆军航空和导弹研发与工程中心的“弹群协同攻击技术”项目以及美国陆军研究实验室的“战场环境分布式与协同打击”项目。“弹群协同攻击技术”项目旨在开发近程多用途导弹的协同攻击技术，“战场环境分布式与协同打击”项目主要研究制导炮弹、制导迫击炮弹等制导弹药的协同攻击技术。美国陆军针对弹药协同攻击技术开展的研究有可能改变弹药的作战使用方式，提高美国陆军作战灵活性以及在“反介入/区域拒止”环境下的火力打击能力。

一、美国陆军通过两个项目发展近程导弹与制导炮弹的集群协同作战能力

美国陆军航空和导弹研发与工程中心在“弹群协同攻击技术”项目

（图 1）下将开发一套可安装在陆军有人/无人车辆与航空平台上的系统，使单个士兵能够同时发射和控制 20 枚以上的导弹，快速打击 25 千米范围内的集群和分散目标。系统通过战术网络从侦察装备获取目标位置信息，并发射适当数量的导弹；导弹具备巡飞和协同作战能力，能够沿实时更新的路径点飞至目标位置，采用先进的图像处理算法自主识别和锁定目标，完成末段攻击；士兵通过无线数据链监控导弹作战过程，必要时可中止攻击任务。

图 1　“弹群协同攻击技术”示意图

美国陆军研究实验室“战场环境分布式与协同打击”项目（图 2）的目标是通过在制导弹药间引入通信和协同能力来提升陆军的火力打击能力：一方面通过高性能制导弹药与低成本制导弹药编队来降低精确打击的成本，另一方面使从分布在战场不同位置的平台发射的弹药能够相互通信，并自主决策和机动，对目标实施预期的破坏性或非破坏性毁伤，达到理想的作战效果。

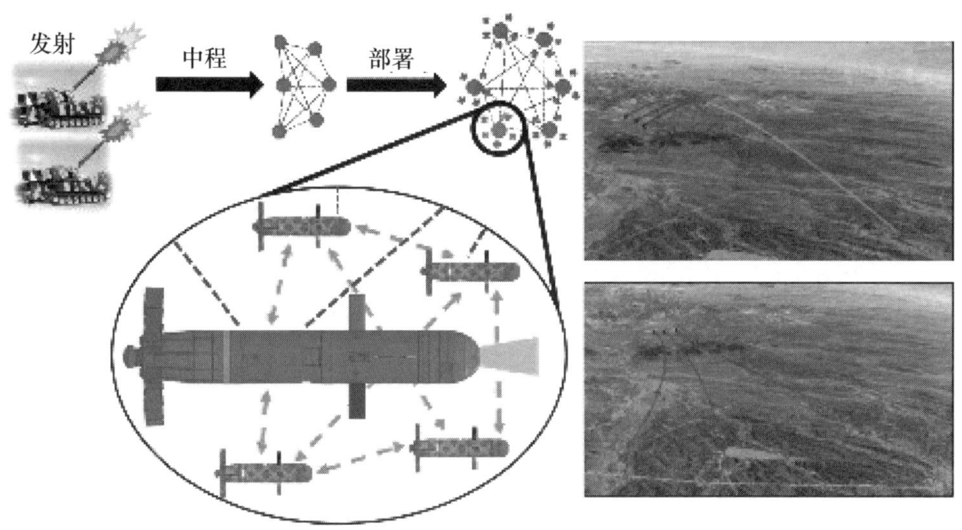

图 2　“战场环境分布式与协同打击”项目示意图

二、弹药协同攻击技术已完成可行性验证，但仍有多项关键技术需要攻克

（一）陆军两个项目均已完成可行性验证

陆军航空和导弹研发与工程中心通过改装和集成现有技术在短时间内制造出样机，并进行了演示。演示验证的目标是使单个士兵能够发射和控制 6 枚具备巡飞能力的导弹，打击 4 个静止目标和 2 个移动目标。士兵可通过基于安卓系统的应用程序来同时控制这些导弹，并根据雷达提供的目标数据按顺序为各导弹发送末段攻击指令。陆军航空和导弹研发与工程中心在 9 个月的时间里开展了大量的半实物仿真集成和试验，并进行了 6 次飞行试验，完成了技术可行性演示验证。

美国陆军研究实验室提出一种“主从协同攻击弹药”概念（图3），并进行了仿真试验，以验证弹药协同攻击技术的可行性。“主从协同攻击弹药”包括一个“主弹药”和多个“从弹药”；“主弹药”配备性能更好的组件（更好的导引头、更精密的舵机和更快的处理器），能够精确飞至目标集群上空收集信息；“从弹药”配备较简单的组件，“主弹药”与“从弹药”集群飞行，并指挥“从弹药”打击预定目标。在陆军研究实验室的仿真试验中，“主弹药”配有基于图像的制导组件和电动舵机控制的鸭舵，具备非常准确的目标瞄准能力和低延迟信息通信能力，能够针对复杂的目标集群优化“从弹药”的攻击位置。“从弹药”配备简单的测距装置（如雷达组件）和矢量控制发动机，测距装置会在飞行过程中测量“从弹药”与周围弹药间的距离，并根据指令启动矢量控制发动机，改变飞行方向。仿真试验包括1枚“主弹药”和1枚“从弹药”、1枚“主弹药”和2枚“从弹药”、1枚“主弹药”和9枚“从弹药”三种场景。仿真试验结果验证了“主从协同攻击弹药”概念的可行性。

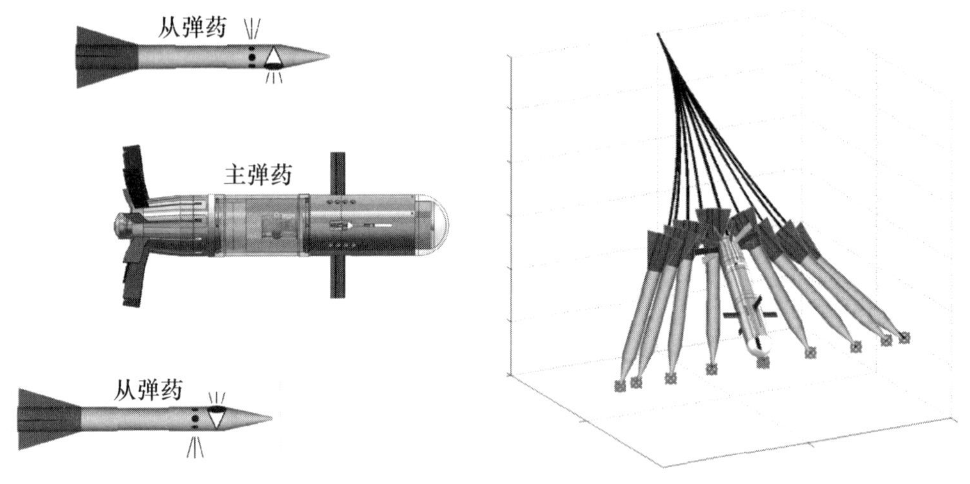

图3　“主从协同攻击弹药”系统概念示意图

（二）距离实现预期的作战效果仍存在技术差距

美国陆军研究实验室表示，陆军目前的能力还无法实现“战场环境分布式与协同打击”项目预期的作战效果，尚存在技术差距。陆军航空和导弹研发与工程中心也在2017年6月发布一项建议需求，针对一些关键技术开展市场调研。在这两个项目中，GPS拒止环境下的导航、自主目标识别、弹间通信与协同都是当前需要攻克的关键技术。

“弹群协同攻击技术”项目要求开发GPS拒止环境下的导航技术，包括先进的小型惯性器件、GPS接收机和GPS抗干扰系统、基于图像的传感器和算法、射频测距以及其他新型传感器和传感器融合技术。在弹间通信与协同技术方面，该项目要求开发导弹自主协同/末段攻击技术和适用于导弹群的数字式数据链及支撑组件技术。此外，该项目还要求指控/火控系统能够完成任务规划和初步的武器/目标配对；评估目标状态并确定导弹的飞行路径点；根据地形和禁飞区实时更新航路点；允许士兵监控导弹攻击过程，并可取消攻击任务或为飞行中的导弹重新指定目标。

“战场环境分布式与协同打击”项目在导航技术方面的研究重点是开发鲁棒性强的软件算法。新软件算法要能够在不确定性强的环境中运行，即使存在拒止、欺骗和错误信息干扰也能使群体行动共享适当的信息。这些算法包括：用于敌我识别的图像处理算法，以便更有效地识别和区分复杂目标；能够在弹药飞行过程中短时间内融合各弹药传感器数据并确定关键信息的算法，以便为弹群自主决策提供支持；支撑弹药与网络化装备之间通信的算法，用于实现战场中的快速信息共享和集群协同作战。

三、弹药协同攻击技术有助于解决美军在“反介入/区域拒止”环境下缺少近空火力支援的问题

美国陆军认为，美军近年来主要致力于反恐和维稳作战行动，而俄罗斯、中国等大国则在此期间大力开展军事装备的现代化升级，军事实力大幅提升，未来有可能发展成与美军势均力敌的对手。这些国家执行“反介入/区域拒止”策略，装备有先进的一体式防空反导系统，使得美军在之前战争中依仗的空中优势无法有效施展。地面部队将无法通过呼叫空中支援对前方目标实施火力打击。此外，在未来强电磁对抗、干扰的环境下，美国陆军火力打击武器主要采用的GPS制导可能无法有效工作，影响美军的精确打击能力。

美国陆军开发的弹药自主目标识别和弹药协同攻击技术将使弹药的作战方式更加灵活高效，并能够实现新的作战能力，满足美军在“反介入/区域拒止”环境下的火力打击需求。第一，小型部队可借助弹药协同攻击技术发射和控制大量弹药，从而能够在缺少传统近空火力支援的情况下取得火力打击优势，应对大量集群目标。第二，弹药协同攻击技术可有效结合动能毁伤和电磁干扰、高能微波等非动能毁伤方式，更有效地实现预期作战目标。第三，通过开发计算机视觉的图像处理算法等自主目标识别技术来保证GPS拒止环境下的精确打击能力。第四，通过高性能弹药与低成本弹药的编队集群作战，可降低精确打击的成本，灵活应对不同类型的目标。第五，不同平台发射的弹药可通过弹间通信共享态势感知信息，协同完成共同的作战任务，提升整体作战效能，解决“反介入/区域拒止”环境下火力单元无法集中部署对火力打击效果的影响。

四、结束语

近年来，无人飞行器的集群和编队飞行受到广泛关注，尤其是在炮射弹药的集群作战方面。美国陆军开展的弹药协同攻击技术研究在作战方式上借鉴了无人飞行器的集群作战形式，并结合弹药自身的作战要求和特点发展出新的弹药作战能力，同时牵引了目标识别、组网通信、协同控制等技术群的发展。这将无人飞行器集群领域的研究成果运用于弹药领域，发展新的火力打击方式，推动弹药技术发展，提供有益的借鉴。

（中国兵器工业集团第二一〇研究所　王建波）

5倍TNT当量高张力键能释放材料制备技术取得较大进展

高张力键能释放材料是在超高压力（7吉帕以上）下使氮气、一氧化碳等气体聚合成固体形成的一类新型超高能含能材料。2018年，美国高张力键能释放材料制备技术取得突破性进展，陆军研究实验室、华盛顿州立大学分别在45吉帕与30吉帕下成功制得稳定性显著改善的一氧化碳掺杂聚合氮和氢气掺杂聚合一氧化碳固态聚合物。一氧化碳掺杂聚合氮的理论密度为3.983克/厘米^3（梯恩梯密度的2.4倍），能量是梯恩梯的5.1倍，且稳定性显著提高。这些突破性研究成果对高张力键能释放材料的合成、表征、规模化放大具有重要意义。

一、高张力键能释放材料的能量可达TNT的5倍及以上

氮气、一氧化碳等气体在室温条件下非常稳定，在高压下将其压成的聚合氮、聚合一氧化碳等固态聚合物的化学能很高，能量是梯恩梯的5.1倍，黑索今、奥克托今等常规碳氢氧氮类含能材料的3倍以上。例如，聚合

氮的预测化学能为33千焦/厘米^3，是奥克托今的3倍（11千焦/厘米^3）。在一定条件下，聚合氮会发生爆炸或燃烧，分子内的氮—氮单键逆转形成氮气，并释放出大量能量，其预测比冲可达400秒。将聚合氮、聚合一氧化碳等高张力键能释放材料用于火炸药装药，将极大提升武器装备的高效毁伤与远程推进效能。例如，聚合氮等超高能含能材料替代黑索今、奥克托今等普通固体炸药用于破甲、杀伤、爆破弹药时，将极大提升其聚能效应、破片杀伤效应和冲击波效应，弹药威力达到5～10倍梯恩梯当量及以上。

二、严苛的制备条件与高度的不稳定性是限制高张力键能释放材料发展的主要因素

高张力键能释放材料的制备条件非常苛刻，需要超高压和超高温条件，压力降低时会变得极不稳定，难以获得足量试样进行性能表征。例如，聚合氮的制备条件是压力不低于110吉帕、温度不低于1727℃，且压力降至40～60吉帕时，聚合氮会变得不稳定，分解成氮气；聚合一氧化碳需要在60吉帕下才能转变为半透明层状晶体，且具有高光敏性、强吸湿性和化学不稳定性等局限。为了克服上述局限，需要开发与优化合成工艺，在较低压力和温度下获得稳定的高张力键能释放材料。

三、基于气体掺杂的高张力键能释放材料制备技术取得突破性进展

经过数十年的大量理论分析与实验室合成路径探索，美国陆军研究实

验室和华盛顿州立大学的研究人员提出，在高压氮气、一氧化碳气体中掺杂少量其他气体分子（如氢气等），是降低聚合氮、聚合一氧化碳等聚合压力、提高产品稳定性的有效途径。掺杂的少量气体分子能增强氮气、一氧化碳等高压气体的流动性，降低聚合相转变压力并生成内部化学压，增强固态聚合物结构中悬空链段的稳定性，使高张力键能释放材料能够在较低压力下稳定存在。

（一）利用一氧化碳掺杂技术在45吉帕和1427℃下制得聚合氮晶体

2018年7月，美国陆军研究实验室在纯度为99.9%的氮气中加入一定量的一氧化碳，然后将混合气体加入到金刚石对顶压砧中，在45吉帕条件下利用激光照射诱导混合气体发生反应，同时将混合气体加热至1427℃，成功制得一氧化碳掺杂聚合氮晶体（图1）。

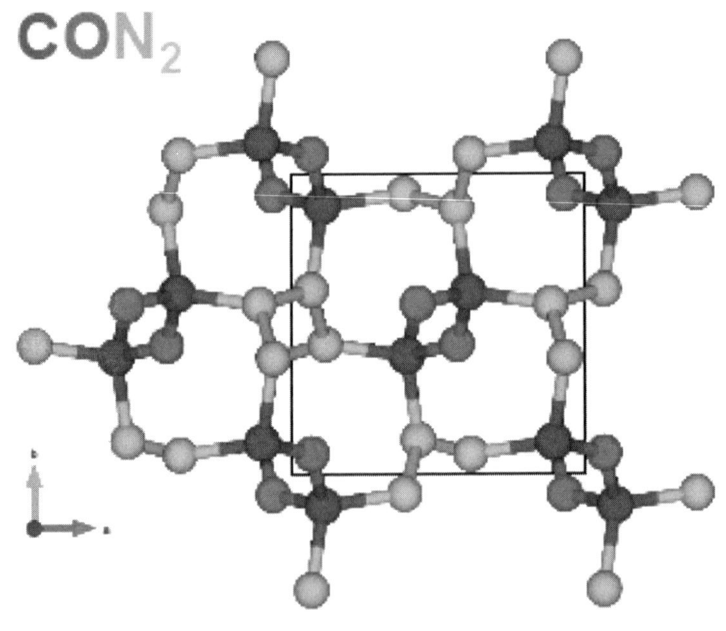

图1　一氧化碳掺杂聚合氮晶体分子结构示意图

激光加热诱导过程中，为避免一氧化碳和氮气混合气体在低压下（20吉帕以下）发生光化学反应，要先采用低功率激光（小于10毫瓦）；压力高于20吉帕时，混合气体转变为无定形固体，不再发生光化学反应，换用高功率激光（10～100瓦）。最终获得的聚合物晶体的内部结构是三维排列的八元环，每个八元环中包含4个碳原子、3个氮原子和1个氧原子，原子与原子间以单键结合。一氧化碳掺杂聚合氮晶体的密度可达3.98克/厘米^3，能量与聚合氮相当，制备条件与聚合氮（110吉帕和1727℃）相比明显改善，压力降低了2/3，温度降低了300℃。

（二）氢气掺杂技术将聚合一氧化碳晶体制备压力降至30吉帕

美国华盛顿州立大学在30吉帕下制得稳定存在的氢气掺杂聚合一氧化碳晶体（氢气含量为10%），这一制备压力仅为纯聚合一氧化碳稳定存在压力的1/2。氢气掺杂聚合一氧化碳晶体的密度可达3.62克/厘米^3，实验室合成规模为1～5毫克，这种合成规模允许研究人员对聚合一氧化碳晶体进行进一步的验证和表征，这是前所未有的技术突破。

在高压一氧化碳气体中掺杂的氢气，虽不直接参与化学反应，但能大幅降低一氧化碳的聚合压力，显著提高聚合一氧化碳的稳定性，且共聚机理与纯一氧化碳聚合基本一致。例如，在加压过程中，压力升高到4.7吉帕时，氢气和一氧化碳气体会聚合成黑色高度不饱和聚合物（相态Ⅰ）；压力继续提高到6～7吉帕时，颜色鲜艳的聚合物变成半透明的立体网络结构（相态Ⅱ）；压力达到20～30吉帕时（图2），半透明立体网络结构转变为平面层状结构（相态Ⅲ）。纯一氧化碳聚合时也会发生类似转化，但所需压力相对较高。

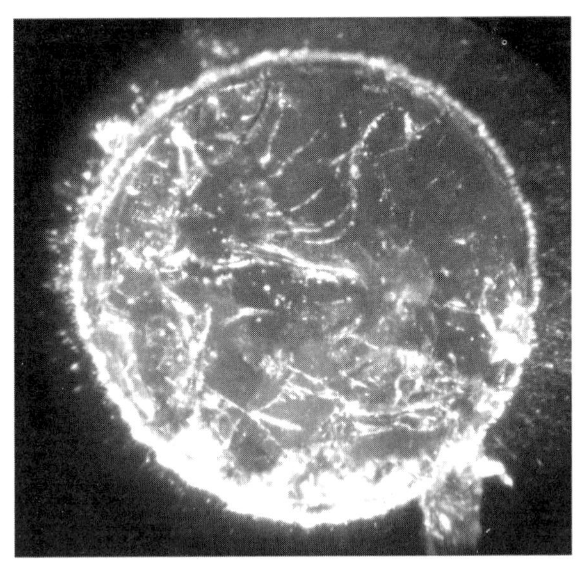

图2 20～30吉帕下氢气掺杂聚合一氧化碳

四、美国陆军阶梯式研发推动高张力键能释放材料制备技术的发展

陆军研究试验室近10年采取阶梯式研发模式，持续开展聚合氮、聚合一氧化碳等高张力键能释放材料研究，取得阶段性研究成果，最终目标是合成能在室温下稳定存在、能量是梯恩梯数倍的高能炸药。

2010年，美国陆军在超高压（不低于110吉帕）和超高温（不低于1727℃）条件下制得聚合氮；随后数年，制备技术难以取得突破，因此，美国开始加大理论计算研究，利用理论计算成果优化制备工艺。2015年，通过理论计算分析得出，在氮气中引入适量一氧化碳有利于降低制备压力和温度；2016年，规划了颠覆性含能材料技术的近中远期发展目标，将聚合氮、聚合一氧化碳等高张力键能释放材料列为发展重点；2017年，通过理论计算预测出一氧化碳－氮气聚合物晶体的稳定结构为立体八元环结构；

2018 年，采用激光加热诱导法，在 45 吉帕、1427℃下制得一氧化碳—氮气聚合物晶体。下一步，陆军研究实验室将继续优化制备条件和混合气体配比，以获得常温常压下稳定存在的一氧化碳—氮气聚合物晶体。

虽然美国目前制得的氢气掺杂聚合一氧化碳、一氧化碳掺杂聚合氮等高张力键能释放材料仍难以在室温条件下稳定存在，但其聚合压力显著降低、稳定性大幅改善，这有利于推动在较低压力和较低温度下制备高张力键能释放材料技术的发展，大幅增强高张力键能释放材料的稳定性，加速这种超高能含能材料的开发、放大合成乃至未来应用。

五、高张力键能释放材料将成为改变陆军未来的基础技术

聚合氮、聚合一氧化碳等高张力键能释放材料具有超高能特性，能够满足陆军当前和未来军事应用需求。美国已将高张力键能释放材料列为改变陆军未来的基础技术之一，设立颠覆性含能材料与推进等长期研发项目，借助陆军研究实验室、国防高级研究计划局、国防威胁降低局、劳伦斯·利弗莫尔国家实验室等机构的力量，重点进行基础理论、数值模拟、合成工艺等基础性研发工作。2016 年，美国陆军研究实验室提出了聚合一氧化碳等高张力键能释放材料的中远期发展规划，包括 2021—2026 财年，开展聚合一氧化碳等高张力键能释放材料的识别与合成；2027—2031 财年，深入表征聚合一氧化碳等高张力键能释放材料的性能，开展规模化放大研究。最终目标是合成能在室温下稳定存在、能量远超碳氢氧氮类常规含能材料的高张力键能释放材料，实现武器装备的高效毁伤和远程推进。

（中国兵器工业集团第二一〇研究所　范夕萍）

增材制造技术推动高性能含能材料精密高效安全制备

2018 年，含能材料增材制造技术取得较大进展，美国利用双喷嘴喷墨打印技术实现纳米铝热剂等含能材料的精密高效安全制备、优化了固体推进剂单喷嘴挤注工艺，印度利用单喷嘴挤注打印技术成功制得复杂内孔形状的燃速可控固体推进剂。

增材制造技术能克服现有浇铸、熔铸、挤压等工艺难以制备高能复杂内孔形状火炸药装药、微量含能材料精密装填的局限，缩短新型含能材料研发周期，简化装药工艺步骤，提高研制和生产安全性，推动常规与未来新型武器装备的发展，相关技术进展值得特别关注。

一、含能材料增材制造技术优势

含能材料增材制造技术是以数字模型为基础，将含能材料浆料逐层打印、沉积形成含能材料产品。该技术可精密安全高效制备复杂药型结构火炸药装药，具有设计灵活、按需打印、成本低、安全绿色等特点。

（一）使含能材料能量输出可控，设计灵活性高

增材制造工艺可按预先设定逐层打印不同配方、不同密度的含能材料浆料，制备能量输出可控含能材料，如密度梯变高能炸药、燃速递变固体推进剂、层状发射药等，有利于提高装药质量比，提升弹药可控毁伤与推进效能。利用增材制造技术可基于计算机制图对含能材料打印过程、打印图案等进行设计，快速打印小型含能材料试样进行性能表征、进一步优化设计方案，大幅提升含能材料设计灵活性。

（二）提高制备安全性，降低成本

增材制造技术能在一个地点连续、快速打印含能材料，避免常规制备工艺中在不同地点进行搅拌、浇注、固化所带来的安全隐患；可实现人机隔离，提高自动化连续化程度，减少工房使用面积和在线操作人员数量，提高含能材料制备安全性。采用传统工艺制备含能材料的生产成本受产量影响较大，产量越低，成本越高；而且一些按需生产（和平时期停产、战时恢复生产）的含能材料生产线恢复生产时，耗时长且成本高。利用增材制造生产线替代现有低速生产或按需生产线，将显著降低含能材料生产成本。

（三）缩短研制周期，减轻环境负担

利用增材制造技术可快速制备含能材料原型，缩短含能材料从设计到原型制备的时间。另外，增材制造技术能直接在基体上逐层沉积含能材料，而后进行固化，可避免常规含能材料制备过程中倾倒、容器清洗等工艺步骤产生的废液、废水、废料，有利于减轻环境负担。

（四）满足微小型弹药少量含能材料精密制备需求

增材制造技术可实现点火、传火、传爆、引爆、延期等火工药剂用少量含能材料的精密制备，实现火工品精确控制，推动小型化武器弹药的发展。

（五）实现火炸药制备－装药一体化

多喷头喷墨打印技术能实现不同材料的同时打印，用于火炸药制备，不仅可一体化成形能量递变多层药柱，还有望实现火炸药、包覆层的一体化制备，大幅提高火炸药与包覆层之间的贴合度，简化火工艺步骤，实现火炸药装药的一体化制备。

二、含能材料增材制造技术发展现状

近年来，美国、英国、印度等国家密集启动数十项含能材料增材制造技术研发项目，投入大量资金推动含能材料增材制造技术发展。目前，国外主要采用单喷嘴挤注、喷墨打印技术制备含能材料，少量含能材料精密安全增材制造技术已相对成熟，并获得初步应用，复杂药型结构含能材料制备也取得较大进展。

（一）美国投入大量资金开展含能材料增材制造项目研究

早在1999年，美国国防高级研究计划局就投入4000万美元进行军用快速成形技术研究，在79项研究中有7项涉及火工品用含能材料增材制造，用于制备智能火工芯片、微推进器阵列芯片等火工品。2015年以来，陆军先后设立“先进制造创新”“先进含能材料研究”等项目，开发下一代小型弹药用含能材料增材制造技术。2016年，空军研究实验室启动柔性电子与通用弹药制造项目，开发适于增材制造的含能材料配方。2017年，美国普渡大学设立纳米铝热剂、高能固体推进剂增材制造技术研发项目，经费投入超过300万美元。

（二）多方力量支持含能材料增材制造技术开发

美国、英国、澳大利亚等国家积极吸纳高校、小企业参与含能材料增材制造技术研发，借助创新力量推动含能材料增材制造技术发展。美国国防威胁降低局、海军分别于 2016 年和 2017 年依托小企业力量开发适于增材制造的炸药配方、利用增材制造技术制备活性结构材料。英国、荷兰、澳大利亚等国家还通过博士点研究项目以及国际合作等途径推动含能材料增材制造技术研发。

（三）少量含能材料增材制造技术发展相对成熟

美国已成功采用喷墨打印技术实现微小型弹药用少量含能材料的精密安全制备，大致流程是将所需含能材料（起爆药、猛炸药等）与黏结剂、有机溶剂混合配成打印墨水，用单喷嘴打印到相应位置，烘干或光固化后形成所需装药。美国海军利用该技术为硬币大小的微型引信打印火工药剂，并进行了深海试验。

2018 年，美国普渡大学新开发出纳米铝热剂双喷嘴喷墨打印技术（图 1）。该技术是将纳米燃料和纳米氧化物分别装在两个喷嘴中，在打印过程中实现两者的原位混合、沉积。喷嘴下方的平台能够以 0. 1 微米的精度移动，墨水体积控制精度可达皮升。打印前，含能材料组分无需预先混合，不会发生危险化学反应，有助于显著提高制备安全性。该技术易于转化，适用于制备炸药、发射药、固体推进剂等含能材料。

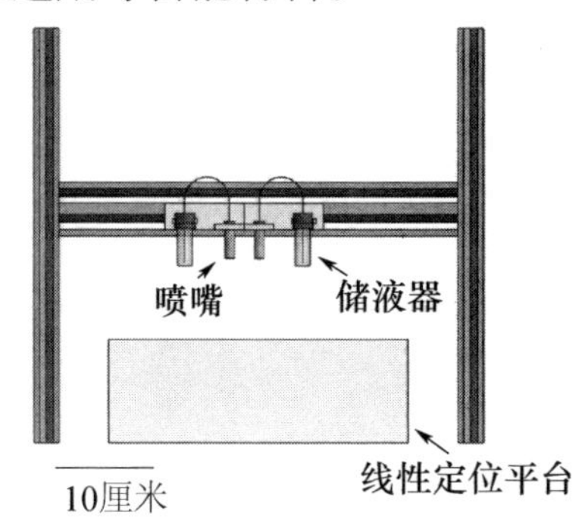

图 1　美国双喷嘴喷墨打印技术示意图

（四）燃速可控固体推进剂与微米高能炸药增材制造取得较大进展

2018 年，印度科学研究院采用单喷嘴挤注打印技术成功制得复杂内孔形状的高氯酸铵/端羟基聚丁二烯/铝粉高能固体推进剂药柱（图 2）。优化的推进剂配方中，高氯酸铵与铝粉的质量比为 78∶22，已二酸二辛脂增塑剂与异氟尔酮二异氰酸酯固化剂、端羟基聚丁二烯黏合剂的质量比为 10∶10∶80。通过依次打印不同能量密度的推进剂浆料，或调整孔隙内填充物的种类和密度，可使固体推进剂药柱能量沿轴向递变，实现燃速可控或燃速渐变，满足新型弹药对特定或可控推进的需求。

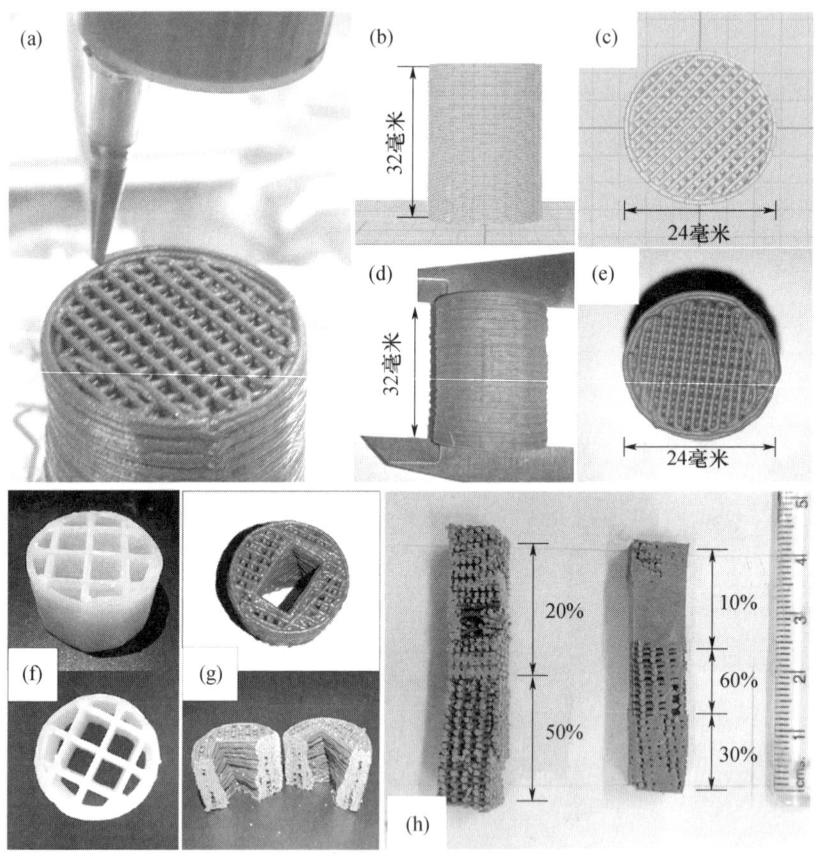

图 2　印度 3D 打印的燃速递变固体推进剂

2017年，美国国家标准与技术研究院采用压电喷墨打印技术，制备出10～30微米黑索今、40微米硝酸铵等微米级炸药颗粒。其制备过程是先将炸药溶于极性或非极性溶剂中，而后利用压电喷墨打印头生成含精确定量炸药溶液的液滴；液滴流经喷墨打印头下方的干燥管时，被干燥并形成预先设定粒径的微米炸药颗粒。该技术可实现按需打印，生成预定数量的液滴，制得预定数量和形状的微米级炸药颗粒。

三、含能材料增材制造技术发展趋势

含能材料增材制造技术的可行性与独特优势已得到验证，但仍未实现炸药、发射药、固体推进剂等多类含能材料，特别是大尺寸含能材料的规模化制备。未来，需在含能材料配方与工艺参数优化、规模放大等方面开展深入研究，旨在切实发挥含能材料增材制造技术优势，满足常规和新型高效智能武器弹药快速发展的需要。

（一）优选适于增材制造的含能材料配方

增材制造技术对打印墨水有特殊要求，需要对现有含能材料配方进行优化，使其满足增材制造技术要求。美国、英国、澳大利亚、印度等国家均提出要在当前和未来大力开展适于增材制造的含能材料配方优化研究。

（二）优化增材制造工艺参数

美国、印度等国家已分别采用单喷嘴和双喷嘴喷墨打印技术制得纳米铝热剂、固体推进剂等含能材料，但尚未实现高能炸药、发射药的制备。未来需要深入优化工艺参数，将增材制造技术拓展到含能材料全领域，包括炸药、发射药、固体推进剂、烟火药剂等。

（三）放大工艺规模

当前含能材料增材制造技术仅实现小尺寸含能材料的制备，如纳米铝热剂、30 毫米 × 100 毫米圆柱形固体推进剂等，难以满足大尺寸导弹、战斗部等武器弹药应用需求。美国、英国、德国、印度等国家均致力于含能材料增材制造规模化放大研究，以实现千克级含能材料的制备。

（中国兵器工业集团第二一〇研究所　范夕萍）

美国陆军机器学习技术的发展和应用分析

机器学习被美军视为人工智能研究的核心子领域，是实现人工智能的具体支撑技术，是武器装备实现智能化的关键技术，将对装备技术发展和作战样式产生广泛而深刻的影响。随着机器学习在国防和商业领域的潜力快速凸显，美国陆军积极采取措施应对技术机遇与挑战，不仅开展大量研发部署工作，继续挖掘和扩展军事应用，而且进一步研判难以满足未来能力的技术空白，为确定富有成效的研发投资方向不断发力。

一、2018 年美国陆军机器学习技术发展动向

2018 年，美国陆军在机器学习研究和应用方面取得多项进展，包括利用机器学习开发装备的自动目标识别与自主打击能力，提升人机编组的协同能力，发展新的电子战能力和后勤保障能力等，标志着机器学习和人工智能技术的军事融合应用又向前迈进一大步。

（一）机器学习赋予武器装备目标识别与自主打击能力

2018 年 1 月，美国陆军研究实验室完成计算机视觉技术用于炮弹制导

的可行性验证。该计算机视觉技术的核心是一种称作“随机蕨”的机器学习算法，与光电或红外导引头配合使用，可在未来多域对抗环境下赋予制导炮弹自动识别、锁定目标和协同攻击能力。4 月，陆军研究实验室开发出一种机器学习方法，能通过在几乎完全黑暗中拍摄的“穿墙透视”热像，识别出目标人物，从而辅助战场侦察和目标识别。美国陆军在 2018 年第一批小企业创新计划中也寻求利用机器学习算法开发无人机自动识别人员和地面平台的能力。这是美国陆军首次公开研发可能具备自主打击能力的无人机，是无人机领域的一大进步。

（二）多项机器学习新进展推动人—机编队快速发展

2018 年 2 月，美国陆军研究实验室和得克萨斯大学奥斯汀分校合作，开发出名为“深度驯化”的机器学习新算法，使机器人可通过观看人类的示范视频在短时间内学习与人类一起执行任务的能力。2 月，陆军研究实验室与密歇根大学合作，从著名的“20 问”游戏获得灵感，开发一种训练机器人的算法策略，使机器人能够理解一连串问题并以最小误差迅速得到最佳答案。此法可应用到士兵—机器人编队中，推动人—机编队技术的发展。7 月，陆军研究实验室、卡内基梅隆大学联合推出一种利用新的机器学习技术的机器人原型。机器人可在较少的人类示范监督下快速学习，适合在任务要求多变的战场使用。新研究实现了机器人在多种地形和环境下的视觉感知和自主导航。这些成果将为士兵提供可靠的机器人战友，使人依靠机器人协助执行危险任务，减少伤亡，对未来作战至关重要。

（三）机器学习将用于电子战的信号分类

2018 年 4 月至 8 月，美国陆军快速能力办公室举办“陆军信号分类挑战赛”，公开寻求对战场信号进行分类的新技术，利用人工智能和机器学习快速、准确地对盲信号分类，以减轻电子战中士兵的认知负担，提升电子战过程的速度和精度。美国航太公司、澳大利亚数据科学家团队和摩托罗拉解决方案公司从150余支团队中胜出。陆军快速能力办公室早在2017年就发布过相关信息征询书，寻求支持电子战的人工智能机器学习方法、算法和系统，希望利用机器学习掌握本地电磁频谱使用情况，监控并评估无线电频率的电磁威胁，以及整合并分析陆军战术网络与情报、监视和侦察数据等。

（四）陆军授出利用机器学习辅助预测战车故障研发合同

2018年6月，美国陆军通过国防部“国防创新实验单元”授予Uptake技术公司100万美元的研发合同，旨在借助机器学习软件来预测何时对“布雷德利”战车进行维护。这种故障预测可以减少计划外维修的频率，提高维修效率和战备水平。Uptake公司拥有从其他客户处收集的数十亿小时的运行数据，M2A3“布雷德利”步兵战车的柴油发动机与Uptake公司此前分析过的其他发动机类似，因此Uptake可利用那些数据提供预测因子来辅助确定战车发动机何时以及为何发生故障。

二、美国陆军机器学习研发与应用主要举措

美国陆军非常重视机器学习的研发，在出台的多个科技战略中广泛部署，并已在陆军研究实验室开展应用研究。

（一）机器学习在陆军中远期科技规划中占有重要地位

人工智能和机器学习是美国国防部“第三次抵消战略”的关键组成部分。美国国防创新委员会把人工智能和机器学习与“第一次抵消战略”中的核武器和“第二次抵消战略”中的精确制导弹药及隐身技术相提并论。近年来，美国陆军相关战略文件屡次提及机器学习，并在多领域进行中长

期布局，使其成为可能影响未来能力的基础性前沿技术。

2014 年，在《美国陆军研究实验室科技实施计划 2015—2035》中，机器学习作为计算科学、机动科学、信息科学和人类科学的重要支撑，成为陆军在大数据处理、实时数据访问与分析、机器人运动感知、自然语言处理、计算推理、信息获取和士兵训练学习等方面的重点研究方向。2016 年，美国陆军发布《塑造陆军网络 2025—2040》，其中明确提出要在数据决策活动中更高效地运用机器学习。在陆军发布的《2016—2045 年新兴科学技术趋势》重要预测报告中，机器学习被认为是机器人与自主系统的关键使能技术。2017 年 3 月，美国陆军在《机器人与自主系统战略》的中期（2021—2030 年）发展规划中也指出，要持续研究机器学习、人工智能等技术，实现能力更强的地面及空中无人系统。2018 年 10 月，陆军特种作战司令部在陆军官网上阐释了其人工智能和机器学习计划。该计划将研究人工智能和机器学习如何增强士兵在物理、虚拟和认知领域的一体化作战能力，旨在打造一支由新技术赋能的跨领域特种作战力量，最终支持《美国国防战略》和“陆军现代化六大优先事项”。

（二）陆军研究实验室正开展大量机器学习应用研究

2018 年 4 月，美国陆军研究实验室发布了《机器学习在美国陆军的当前和未来应用》研究报告，较全面地回顾了其利用机器学习工具开展的应用研究。

1. 用于装备的故障诊断与预测

陆军研究实验室正在研究利用机器学习监测加速度计信号，评估车辆或直升机传动齿轮的损坏情况；利用机器学习解析超声信号，在材料振动载荷试验中评估疲劳和裂纹发展情况；利用机器学习基于车辆的现有数据预测故障，提高战备能力。

2. 用于装甲力学分析

陆军研究实验室正利用机器学习研究高速冲击下的装甲力学，从经验数据中发现材料特性，优化防护套件性能。例如，利用无监督机器学习能够研究弹丸从普通弹道速度变成超高速时，对装甲侵彻性能的变化；利用监督式机器学习能够通过独立变量最好地预测防护情况，有利于自动优化防护套件。

3. 用于视频分析和图像识别

陆军研究实验室正与大学和商业公司合作开展视频分析和图像识别研究。面对呈指数级增长的传感器数据，机器学习可帮助分析师在短时间内处理大量视频或图像数据，且能自动识别重要数据，大幅减轻人员负担。

4. 用于网络防御和电子对抗

陆军日益关注网络安全。在对手进行针对性网络攻击时，机器学习有助于及时准确监测并识别一些非传统的侵入性威胁，减轻人类网络防御部门的负担。在电磁频谱对抗环境下，机器学习可通过非线性变换来分配、加密、压缩数据，避免传统网络编码使用的线性变换，从而在提高数据完整性的同时，缩小带宽使用。

5. 用于装备零部件增材制造过程监测

在装备的零部件替换方面，现场增材制造比传统物流链更快。增材制造部件的耐久性和可靠性是当前的限制因素。机器学习可用来监控增材制造中的逐层构建过程，在问题恶化之前有效监测，并在继续沉积打印之前进行适当修复。

6. 用于士兵防护研究中医学影像的分割与分析

医学影像分割是医学影像处理与分析领域的复杂而关键的步骤，其目的是把医学影像中具有特殊意义的部分分割出来，并提取相关特征。陆军研究实验室正研究利用机器学习更准确快速地分割人体器官或组织的3D医学模型，为模拟各种弹道和载荷对人体器官或组织的影响提供研究便利。

7. 用于对现役军人的风险和适应性评估

陆军的评估现役军人风险和适应性计划是一项持续性研究，旨在理解与自杀等精神问题有关的因素。研究人员收集大量现役军人的医疗资料，以此来对自杀、创伤后应激障碍和其他精神健康问题预警。此数据库在战备和保障方面可能非常有用。为充分利用这些数据，机器学习可辅助发现各种因素之间的深层联系，支持部队以最佳状态投入任务。

三、机器学习在陆军作战中的应用前景

机器学习的作战应用跨越从包括情报、监视和侦察、目标瞄准、网络防御、自主武器在内的战术作战，到包括训练、后勤、风险分析、兵棋推演在内的保障作战。在《机器学习在美国陆军的当前和未来应用》报告中，美国陆军研究实验室的研究人员对机器学习的陆军作战应用潜力进行了分析。

（一）自动处理军事情报

军事情报信息的收集和分析关系到指挥官能否做出最佳战斗决策。随着收集的数据越来越多，数据处理的容量、速度、准确性和多样性问题必须要考虑，信息处理必须实现自动化。因此，各种机器学习算法将在该领域发挥作用。例如，利用机器学习进行自然语言处理，从大量媒体数据库中提取重要概念和文本，进行不同语言间的精确文本翻译；进行数据挖掘，

从多种传感器数据中挖掘被人类分析员错过的潜在有价值信息；进行自动异常监测，通过已知数据集群来识别异常情况，包括网络入侵监测、人员活动模式监测、士兵异常监测和外来物品监测等。

（二）增强无人系统的自主性

无人系统的自主性包括自动目标识别、自主导航、机动和任务决策、自诊断等。自动目标识别是一个较成熟的研究领域，但出现一些新问题。例如：自动识别能力如何进一步加强；更复杂的算法需不需要更复杂、功耗更大的机载或车载计算系统；能否应对欺骗性陷阱；能在多大程度上用于实时弹道调整。

（三）优化武器装备的火控系统

目标定位和瞄准是火控杀伤链中最难开发解决方案的领域之一。环式激光陀螺或光纤陀螺是确保武器瞄准精度的首选解决方案。但这些技术与尺寸、重量、功率和成本直接相关，综合来看，尺寸与成本并不适合小口径武器平台。为解决该问题，美军开发了体积更小、成本更低的武器化通用轻型火力控制系统。该系统集成的传感器有超过 130 个可能影响瞄准精度的变量或误差源，通过机器学习算法进行优化，允许火控传感器根据作战环境自我学习如何变得更精确。最终，机器学习可使系统精度由 3 密位提升至 2 密位，这被认为是目标定位与瞄准领域的一项重大成果。

（四）监测网络安全与舆论

过去 10 年，机器学习在网络安全中起到不可或缺的作用，能够根据已知威胁进行异常监测，并识别潜在的由恶意代理产生的网络行为。随着机器学习在该领域不断发展，随之而来的新挑战是，机器学习监测技术能否领先于对手使用机器学习干扰监测的技术。机器学习利用网络的另一方面是进行舆论宣传，可以针对特定用户的喜好进行定向宣传，对目标人群进行说服，同时监测并破坏对手针对己方人员的宣传说服。

（五）提供后勤保障快速解决方案

作战后勤保障方面，机器学习除在装备故障诊断、监测、预测和零部件的增材制造监测方面发挥作用外，还可根据军用物资前期用量和存货核算的反馈提供后勤补给的建议。在战场医学上的应用主要体现在基因序列比对和智能诊断方面。由于基因组序列的数量呈指数增长，比对战场上的基因序列所需的计算工作量难以人工处理。机器学习可通过层次分类来简化比对过程。另外，机器学习在描述战场创伤性损伤或创伤后应激障碍并提出治疗方案方面也可有所作为。

（六）作战模拟训练和兵棋推演

许多研究关注利用机器学习来自主地玩电子游戏，一些先进算法已经胜过了人类游戏玩家。利用这些算法训练的系统可以模拟真实场景，用于作战人员在作战中心进行训练，也可用于战争前的兵棋推演，寻找作战计划中的漏洞，为赢得战争胜利提供保障。

四、陆军机器学习研究与应用面临的挑战

尽管机器学习在陆军诸多领域展现出应用潜力，但仍存在研究缺口，这些缺口会限制其在技术研发及作战方面的充分应用。

（一）把陆军数据/问题与现有算法相结合的问题

相较于其他学术或商业应用，陆军面对的众多问题可能更独特。数据分析师面临的首要问题就是把数据与其想采用的统计或机器学习模型相适应。另外，陆军不仅需要利用机器学习监测物体和人员，还要监测其意图

和姿态，这些都需要数据和算法更优地融合。

（二）高性能计算问题

未来研究应集中于如何解决机器学习分布式处理问题，以便在节点中实现网络通信的最小化，这需要研发新的计算体系，提高计算速度。另外，陆军还需要开发用于分析大量未标记数据集的算法。

（三）机器学习设备的尺寸、重量、功率、时间和网络约束问题

在边远地区或远离基地时，陆军必须限制系统的尺寸、重量和功率。而且，作战中时间至关重要，不可能受到攻击还要坐等作战仿真结果。而且，战场无线网络宽带会受到强烈限制。在多重约束下，机器学习必须以隔离的方式高效运行，因此需要设备具有最佳小型化、低功耗、更强的计算能力和特别的硬件。

（四）特定的训练模型的问题

首先作战环境是一个混乱的背景，具有高于平常的动态静态对象密度，而且充斥着欺骗性数据。其次，关于陆军情景下特定人群和对象的数据有限。最后，与陆军有关的目标影像可能涉及热像、雷达影像等多种模式。所以，需要开发、运用混乱或虚假数据训练/评估模型、小而稀疏的数据训练模型，以及专用于陆军相关目标的训练模型来训练机器学习系统。

（五）软人工智能问题

多数人工智能任务都可分解成数学运算，但目前有些智能任务似乎更基于推理或情感，这就是软人工智能。如何编码类人推理行为，赋予机器学习情感、社交、创造力等能力，甚至实现机器学习自我改进编程，是长期存在的挑战。

五、结束语

美国陆军正以人工智能和机器学习为着力点，支撑武器装备和军事技术的智能化发展，而且还将大力持续推进研究。一方面，借助“算法战跨职能小组”和DARPA“下一代人工智能”计划，加大研发投入，深化和扩展机器学习在武器装备和情报系统中的集成；另一方面，继续挖掘和识别机器学习在军事情报、自主无人系统、电子战、网络战和兵器推演等领域新的作战应用潜力；与此同时，积极应对技术挑战，从硬件、算法、训练模型、数据与算法的融合、基于推理或情感的软人工智能等方面，解决机器学习在陆军的应用限制问题。

（中国兵器工业集团第二一〇研究所　王勇）

“沃森”超级计算机可利用人工智能算法预测车辆故障

2018 年 3 月，美国陆军宣布与 IBM 公司合作，利用该公司的“沃森”超级计算机及其人工智能算法对战术卡车的状况进行追踪和实时分析，预测车辆可能出现的故障，准确指出原因，从而能够防止灾难性故障，并在车辆维修中推行“基于状态的维修”装备保障模式。此前，IBM 公司已经研究将“沃森”超级计算机用于“斯特赖克”装甲车的维修，并在 2017 年底向美国陆军后勤保障局演示了研究成果。

一、技术原理分析

“沃森”超级计算机是 IBM 公司开发的一种“问答”式计算机，能够理解人类的提问，并基于卓越的运算能力和海量的存储信息在短时间内给出答案。IBM 公司将“沃森”超级计算机视为一个高效的分析引擎，实时地将多个数据源汇总在一起，深入查看深层信息，并解析出一个可信的答案。

（一）超级计算机强大的运算能力是实现快速分析的硬件基础

“沃森”超级计算机集成了90台IBM公司Power 750服务器，总共拥有2880个Power 7系列八核处理器和16太比特内存。其中，Power 7系列处理器采用45纳米工艺制造，拥有32个线程，主频最高可达4.1吉赫，二级缓存达到了32兆比特。“沃森”超级计算机每秒可以进行80万亿次运算，处理500吉比特的数据，相当于100万本书。凭借这种强大的运算能力，“沃森”超级计算机能够在短时间内运行复杂算法并读取大量文件，找出问题的答案。

（二）非结构化信息管理架构和DeepQA软件是实现所需功能的软件基础

非结构化信息管理架构是一种能够集成多种文本、会话、图像分析算法的软件架构。“沃森”超级计算机以非结构化信息管理架构为基础，集成了数百种不同的算法，通过算法间的配合具备理解人类自然语言等非结构信息的能力，能够理解人类提出的问题，并从参考资料、期刊、技术手册等文本资料中挖掘高价值信息，用于支撑决策。

DeepQA是“沃森”超级计算机借以分析问题和寻找答案的软件。DeepQA会基于对问题的不同解释从多个资料源中找出备选答案，并从海量的资料中为各个答案搜寻证据，然后利用数百个算法从不同的维度分析这些证据并进行打分，其分数代表这些证据对答案的支持程度。DeepQA还会利用已有的资料训练机器学习算法，学习如何分配数百个分数的权重，并据此将某个备选答案获得的所有分数综合为一个分数，代表该答案是正确答案的概率，最后给出备选答案清单以及每个答案的分数。如果分数最高的答案的分数值超过了阈值，则“沃森”会将其作为正确答案。

（三）美国陆军提供的海量资料是利用人工智能进行装备保障的数据基础

在针对“斯特赖克”战车的研究中，美国陆军向IBM公司提供了350

辆战车过去15年的维修历史记录和相关的50亿个传感器读数，以及来自“斯特赖克”项目主管、原始设备制造商和陆军研究实验室的相关资料。“沃森”超级计算机可以通过IBM公司的云技术获取车辆的传感器读数，结合对维修历史记录的学习，就能标记出车辆存在的异常现象并预测可能出现的故障。“沃森”还可以学习电子技术手册、《预防性维修》期刊的文章、材料修理手册与图表等文献，识别出可能发生异变的部件并找出其潜在问题，给出技术文献中记载的造成这种潜在问题的根本原因以及最有效的解决方案。维修人员可参考“沃森”给出的信息确定维修方法和需要的零备件。未来，“沃森”还可以将地理位置、天气、地形等更多的信息纳入故障分析过程，并不断地从维修人员的反馈中学习，进一步提升预测的准确性。

二、人工智能技术对美国陆军车辆维修保障的影响

美军从21世纪初开始大力推行“基于状态的维修”装备保障模式。IBM公司的人工智能技术将有助于美国陆军在车辆维修中推行“基于状态的维修”装备保障模式。

（一）美国陆军积极推行“基于状态的维修”保障模式

“基于状态的维修”是在传统的状态监控和故障诊断技术的基础上，根据从装备内部嵌入的传感器或外部检测设备获得的信息判定装备的实际状态，据此决定维修时机与内容。与以往的“修复性维修”与“定期维修”相比，“基于状态的维修”能够实时监控装备状态，减少不必要的维修作业，降低维修费用，缩短停机时间，提高装备可靠性、可用性、安全性，避免潜在重大故障。

美国国防部2004年要求各军种选择一些典型平台作为开展“基于状态

的维修”试点。美国陆军首先在“黑鹰”“阿帕奇”和“支奴干”直升机上应用这种模式，在旋翼、发动机等数十个关键部件上安装传感器，每次飞行后处理传感器监控数据，确定部件完好性，预测剩余使用寿命，必要时安排维护或更换零部件。2007年，陆军在350架直升机上安装“基于状态的维修”设备。在随后一年中，陆军航空部队节省11000维修工时和1300个维修测试飞行小时，延长发动机等昂贵部件的使用寿命，直接和间接节省1.01亿美元装备维修成本。其中“阿帕奇”直升机的停机时间缩短30%，维修测试飞行时间缩短20%，例行维护时间减少5%～10%。2014年，陆航装备全部安装“基于状态的维修”设备。美国陆军此次与IBM公司合作的目的就是要在“斯特赖克”等车辆平台上推行“基于状态的维修”保障模式。

（二）人工智能技术可有效提升“基于状态的维修”效果

“基于状态的维修”保障模式运行的前提是准确判断装备的实际状态，预测装备可能发生的故障和需要的维护作业，因此判断和预测的准确性至关重要。传统的方法是利用故障诊断模型来分析装备的状态。模型的准确性和完整性对故障预测的结果影响较大，而且这种方法在多过程、多故障、突发性故障以及复杂系统的故障预测方面具有较大的局限性。超级计算机运行的人工智能算法可以利用现有的维护手册、文献、经验、案例和数据等资料建立一个专家系统，能够克服基于模型的故障诊断方法对模型的过分依赖性，并且在复杂故障的诊断方面具有较大优势，因此能够提高装备故障诊断的准确性，提升“基于状态的维修”保障模式的效果。

三、结束语

“沃森”超级计算机可以协助美国陆军准确预测可能出现故障的车辆平

台，预防灾难性事故发生，延长车辆使用寿命，在保证装备战备水平的同时提升车辆维护效果，降低全寿命周期成本。作战指挥官在指派任务前也可通过“沃森”获取车辆战备状态评估信息，降低任务失败风险。此外，采用“沃森”超级计算机及其人工智能算法进行陆军装备保障，可使装备不再需要定期维护，陆军对零备件的需求减少，因此可以精简库存和供应链，降低后勤保障负担。未来，“沃森”还能够与陆军全球作战保障系统、后勤现代化计划等陆军企业资源规划系统相结合，通过分析相关数据为陆军提供与装备维护相关的人员、预算、训练需求等方面的建议。

（中国兵器工业集团第二一〇研究所　王建波）

美国陆军关注面向 2050 年的颠覆性技术

2018 年 2 月，美国陆军发布《改变 2050 年陆战游戏规则的潜在科学技术》报告（以下简称报告）。报告提出了 8 项未来有可能改变陆战游戏规则的科学技术，反映了美国陆军对颠覆性前沿技术发展的基本研判，将对其前沿技术发展重点产生重要影响。

一、美军战略目标转向大国竞争，谋求维持军事优势

随着伊拉克和阿富汗战争结束，美国将军事战略重心逐步转向以中、俄为对手的“大国对抗”，提出了“第三次抵消战略”，大力探索颠覆性前沿技术，谋求中远期的“绝对军事优势”。

在此背景下，美国陆军从 2015 年开始重启“疯狂科学家”论坛，面向 2050 年的军事能力需求，围绕超大城市作战、多域战、频谱战、单兵作战等主题，汇集军内外科技人才的奇思妙想，探讨生物、人工智能、自主系统、物联网等前沿科技发展潜力，研判颠覆性前沿技术趋势与应用前景。

2016 年，美国陆军发布《2016—2045 年新兴科学技术趋势》，从 690

项技术中筛选确定了24项重点技术，其中包括机器人与自主系统、云计算、网络、智慧城市、量子计算、合成生物学等。在此基础上，2018年，美国陆军发布《改变2050年陆战游戏规则的潜在科学技术》报告，进一步聚焦了关注重点。

二、美国陆军关注的8项技术

（一）人造细胞

一种非活性的非生物反应器，由天然磷脂、合成磷脂或合成聚合物等制成，具有输入输出物质、吸收物质并产生能量、类似活体细胞的分裂和增殖、在人工设定程序下开展生物合成等功能。当前，人造细胞的功能已在单个人造细胞或多个人造细胞组合中得到验证。2050年，单个人造细胞将集成在大规模的人造细胞平台。届时，人造细胞平台将具备强大的多功能原位制造能力，可按需生产药品、燃料等，并具备同时生产多种应急药品的能力，将为部队后勤保障带来革命性变化。

（二）计算合成孔径成像

普通的合成孔径成像是通过成像传感器与目标的相对移动获得虚拟孔径，实现大孔径高分辨率成像；计算合成孔径成像是通过大规模传感器阵列成像数据的迭代计算来估计目标图像所处的方位，无须相对移动，就能获得类似合成孔径成像的效果。2050年，计算合成孔径成像技术将推动“成像表层”在军事领域的应用。届时，通过在建筑物、车辆、飞行器表层布设包含大规模传感器阵列的薄层成像系统，士兵可实时获得全景式高分辨率三维图像，从而提升态势感知能力。

（三）小型多功能量子红外传感器

多层半导体材料、近场电磁学和量子光学的交叉融合和技术突破，将催生尺寸更小、灵敏度更高、功能更完备的红外传感器。2050 年，多层半导体材料可能仅有数个甚至一个原子厚，像素间距可减至 3 微米，传感器更易于嵌入、集成到军事系统；单光子探测成为可能，时间和空间分辨率更高。小型多功能量子红外传感器能实现超高测量精度，为士兵提供卓越的视野和观察能力。未来，量子光学在长波红外频谱的发展将进一步提升士兵的态势感知能力。

（四）量子信息

由量子物理、计算机、信息、工程学交叉融合发展形成的新兴学科，基于量子纠缠现象的信息采集、分发和利用有望取得突破，可实现超精准授时、超精确感知、超快速计算和超高级别信息安全。2050 年，量子计算的运算速度将实现指数级增长，量子的“不可克隆原理”将产生新的通信加密协议和安全计算方法。基于量子原理的计算、通信、探测、导航等能力有望取得质的突破，推动战场信息化水平跨越发展。

（五）未来弹性战术网络

具有自组织、自防御、自恢复等能力的战术级指挥通信网络，可在移动中甚至任何地方提供弹性冗余连通能力，确保随时传输/获取信息，满足未来分布式、动态、复杂环境中的分散作战需求。2050 年，基于网络认知和自恢复能力的突破，以及机器学习和推理方面的进展，采用 6G 或 7G 网络标准的弹性战术网络将成为现实，部队在高对抗作战环境下的网络保障能力将极大提升。

（六）智能团队

由士兵和人工智能系统组成的高技术作战团队，利用人工智能算法和脑机接口技术，使人工智能系统能直接领悟人脑意图，从根本上改变人与人工智能系统、人与机器之间的交流模式。2050 年，所有士兵和装备都将配备不同级别的人工智能系统，组成网络化智能团队。届时，士兵与士兵、士兵与装备可直接交流行动意图，并可快速重新编配。这将极大提高人与人、人与人工智能、人与机器的交互能力，保证极端作战环境下信息传递的时效性和准确性。

（七）嵌入式人工智能

融合了神经科学和传统计算的人工智能，可集成到所有计算和处理系统中，形成广泛分布的机器智能系统，反应速度远超人类。2050 年，嵌入式人工智能将应用到所有传感器、机器人、网络设备、处理器中。嵌入到传感器、网络等装备中，可提升装备的图像与信号处理、通信能力；嵌入到分布式机器人中，可实现士兵与机器人的协同并安全、高效地执行高风险任务；嵌入到电网、通信网络等基础设施中，将形成高度冗余、有弹性、独立性和鲁棒性的智能基础设施，确保国家基础设施安全。

（八）预测失败的复杂性科学

复杂性科学是以复杂系统为研究对象，以揭示和解释复杂系统运行规律为主要任务，以提高人们认识、探究和改造世界的能力为主要目的的科学，是系统科学发展的新阶段。失败理论是复杂性科学的一个重要分支，系统越复杂，失败模式就越多，预测各种失败模式就越重要。当前，复杂性科学正处于实现突破的边缘，预测失败的能力有望实现重大跃升，能更好地解决涉及复杂系统的诸多军事难题，如城市作战、舆情控制等。以城市作战为例，2050 年，全球将形成 37 个超大城市，超大城市作战将具有举足轻重的地位。超大城市具有复杂系统的典型特征，传统的城市作战理论不再适用。美军正在修改城市作战条令，将新的作战理论和方法与复杂性科学结合，以应对超大城市作战的复杂性。

三、影响和意义

为保持和扩大军事优势，美国陆军正在加大力度研究2050年的作战环境和军事需求，探求、研判具有颠覆性影响的前沿技术。报告突显了生物、量子信息、人工智能等技术的军事应用潜力，对于2050年及以后的陆战，尤其在后勤保障、态势感知、战场信息化网络化、人—机协作及装备智能化等方面具有颠覆性影响。

（一）人造细胞将颠覆传统后勤保障模式

人造细胞将形成原位制造能力，能根据需求生产高价值药物、燃料等，其可编程能力还可生产不同种类药物，大大降低高价值物资运输和存储的需求和成本，就地生产、快速应用，显著减轻部队后勤负担，提高保障效率。人造细胞还可生产无机材料用于3D打印，实现战场自我保障，不再需要通过长时间运输为各系统提供替换部件。

（二）计算合成孔径成像和量子红外传感器将显著提升战场态势感知能力

计算合成孔径成像可推动大规模传感器阵列的小型化、薄层化发展，能实现成像系统的灵活应用，为作战人员提供近实时高分辨率三维成像，有效提升其态势感知能力。量子红外传感器能提供更高的时间和空间分辨率，为士兵提供卓越的视野和观察能力，有效维持部队在战场上的态势感知优势。未来，计算合成孔径成像和量子红外传感器技术将保证士兵和部队卓越的态势感知优势。

（三）量子信息科学和未来战术弹性网络将推动战场信息化网络化水平跨越式增长

当前量子力学的重要发展方向是量子传感器、量子计算、量子通信。

量子传感器除提高成像分辨率、感知灵敏度外，还能在 GPS 拒止环境下实现安全的定位、导航与授时；量子计算的运算速度以指数级增长；量子通信可产生新加密协议和安全计算方法。量子信息科学将在战场上构建量子信息化网络，推动战场信息化水平阶跃式增长。未来战术弹性网络具有自组织和自恢复能力，减少士兵干预度，简单易用，在各种条件下都能提供弹性冗余连通能力，确保随时随地信息安全传输，将提高部队战场网络的可靠性、安全性、可恢复性。

（四）智能化技术将提升人—机协作能力及装备性能

智能团队将利用人工智能技术、脑—脑和脑—机接口技术使人工智能系统直接接收人脑意图，实现无语音交流下的信息交换，极大提高人与人、人与人工智能、人与机器的通信能力，保障作战环境下人—机协作的准确性和时效性。未来各种武器装备将集成嵌入式人工智能，在图像与信号处理、通信等方面的能力大大提升，同时整个装备体系、电网和通信网络等基础设施的独立性和鲁棒性也将增强，提升装备性能和国家基础设施安全性。

四、结束语

为保持和扩大军事优势，美国陆军正在加大力度研究 2050 年的作战环境和军事需求，探求、研判具有颠覆性影响的前沿技术。报告突显了生物、量子信息、人工智能等技术的军事应用潜力，值得高度关注。

（中国兵器工业集团第二一〇研究所　宋乐）

2018 年美国国防部前沿科技扫描态势分析

2018 年，美国国防部持续扫描全球前沿科技重大创新成果，识别有军用潜力的科学发现和颠覆性技术。为使新技术得到最快地开发并转化为军事能力，美国国防部特种作战司令部的技术监视工作为美军和军事技术开发商及时描述了全球科技发展态势，提供研发机遇，支撑技术开发的投资决策。

一、大国竞争的前沿技术领域是美军研判的重点

2018 年，美军在《美国国防战略》中正式把“重返大国竞争”作为战略重点。一年来，美军通过技术监视，跟踪与大国竞争密切相关的战略前沿技术领域的发展态势，研判新科技进展可能给美国国家安全带来的影响，表现出三个主要特点：

（一）集中跟踪中、俄在重要科技领域的发展动向

人工智能、量子科技、生物技术、太空技术、高超声速武器技术、5G 网络等领域被美军视作与势均力敌对手竞争的关键领域。这些领域潜藏着未来军事技术的突破和军事能力的跃迁。美军密切跟踪中、俄在这些领域

的政策战略、投资、立项、研发试验进展和人才需求情况。具体地，美军更多地关注中国在人工智能、量子科技、生物医学、5G 网络、太空探索、机器人等方面的进展，关注俄罗斯在高超声速武器、反卫星技术、网络信息战武器等方面的发展。此外，美军还密切跟踪谷歌等科技巨头的技术动向及其在美国内外的技术合作，特别是与中国的合作。

（二）特别关注有关重要科技领域发展水平对比的公开报道

美军一方面跟踪中、俄的发展动向，另一方面关注权威机构或人物针对重要科技领域的对比性分析研究或相关言论，为研判美国及外国当前的现状水平提供参考。例如，由美国权威机构发布的《人工智能指数 2018 年度报告》，量化对比了中国、美国、欧洲人工智能领域的学术论文、专利数量、行业应用、聚焦方向等方面；针对中、俄太空技术的进步，美国副总统及军方高层在多个场合强调技术差距正在缩小及存在安全性挑战，促进太空军和太空发展局的建立；美国负责研究与工程的国防部副部长认为，美军在高超声速武器技术研究方面领先，但相比中、俄的不断试验甚至部署，在试验和原型化方面需增强，要追赶中、俄；美国国防情报局长表示，中国在人机融合领域的研究正缩小与美国的差距。美军不仅关注差距，还关注原因，如有观点认为，中国在基因编辑、生物医学等领域的快速发展得益于宽松的研究监管环境，尽管这也存在某些弊端。

（三）加强了对重要科技领域有关未来发展建议和评论的扫描

美军积极关注权威机构或人员对重要科技领域未来发展的公开述评，这有利于为美国发展相关技术开阔思路。在人工智能方面，重点关注未来应用的问题，包括在作战和决策中能否取代人类，如何发挥作用，以及如何通过政策性措施约束风险等。在量子科技方面，重点关注量子计算对密码学和隐私带来的影响，以及专家对美国量子计算的未来发展提出的建设性意见。在生物技术方面，重点关注如何应对其带来的伦理道德问题，包括基因编辑带有歧视性的选择应用、神经技术对人类思想的监控和心理的干扰等，以及美国如何防御生物恐怖主义和为军事生物技术制定发展战略等。在太空技术方面，关注如何采取防御措施避免未来发生太空中的“珍珠港事件”。在高超声速武器方面，重点捕捉权威专家和政府官员对发展高超声速武器及其防御（拦截）技术的观点，如美国负责研究与工程的国防部副部长称：高超声速武器的最大影响是战术而非战略武器；天基防御并不实用，但会在告警、探测、跟踪方面发挥作用；美国将在21世纪20年代获得成熟的高超声速能力。

（四）重视新兴作战形态和竞争方式对国家安全的影响

在大国竞争中，发生两国之间直接武装冲突的可能性并不高，但随着技术的发展，一些新兴的作战形态和竞争方式开始引起美军注意。这些新方式新形态可能会以比武装冲突更温和的方式达成战略目的。美军在前沿科技扫描中对关于网络战、信息战、经济战、混合战的研判和评论非常重视，进行了大量跟踪。网络战方面，网络攻击与物理攻击一样也可能造成致命伤害，而且对电厂等基础设施来说类似于“大规模杀伤性武器”，网络威慑和核威慑都被认为是互毁式攻击策略。多位专家认为，美国面临的下一次类似“9·11事件”的重大袭击可能来自网络。信息战方面，美国重点关注虚假消息对国家治理的威胁，以及对武装作战的支持性作用。美国参议院情报专委会的两份独立报告揭示了俄罗斯通过社交媒体和虚假消息在西方制造不信任及分裂。经济战被认为是无声的“第三次世界大战”，经济战以各种形式出现，从新技术竞争到制造、创新方面的竞争，再到存款利率方面的竞争。5G问题就不仅仅是技术或安全问题，它将从经济和政治角度产生巨大影响。率先成功采用5G网络的国家，很可能会获得经济优势。

混合战是一种主要使用政治或心理战的军事战略，是传统战争、不对称或非常规战争和网络战的混合体，采用传播假新闻、干涉外交、干预选举等手段，传统军队很难对混合战做出响应。

二、突破性的科技创新进展持续吸引美军关注

美国国防部前沿科技扫描工作始终聚焦突破性科学发现和颠覆性技术创新，保持对科技创新所蕴藏的军用潜力的敏锐性。这些新进展多属创新点的突破，也呈现出一定的聚类特征。

（一）超材料、仿生材料和纳米材料等得到重点关注

多种光学超材料薄膜的光响应能力得到进一步增强，克服了传统光电薄膜能耗大或传输速率慢等问题。声学超材料以96%的效率控制声波传输和反射，并实现3D打印制造。美国在仿生隐身材料实验室研究方面取得多项创新，俄罗斯的仿生隐身涂层即将在单兵装备和飞机上应用。可用于装甲防护和结构件的仿生纤维及其复合材料受关注度较高，如“超级木材”纤维强度优于蛛丝或任何已知的人工合成或天然生物材料。纳米材料涉及领域广泛，硅烯、锡烯、磷烯等X烯研究获得多项新突破，材料表面的纳米“丛林”设计是实现隐身的有效途径，大规模生产石墨烯的新方法出现，剪切增稠流体、金刚烯等具有新的抗冲击效应的前沿材料被开发出来。超导型量子自旋液体首次制备成功。智能纤维实现融合传感器和天线。折纸艺术在材料设计中的应用已引起美军高度关注。

（二）空间3D打印、多材料3D打印和3D生物打印是制造领域的研究热点

欧美多家机构实施太空3D打印计划。英国制造技术中心启动为期3年

的“航空航天数字可重构增材制造设施”项目。美国斯特塔西公司、洛克希德·马丁公司和菲尼克斯分析与设计技术公司合作，计划首次将3D打印技术用于NASA“猎户座”载人飞船。欧洲航天局使用微重力3D打印机样机，用于其主导的“实验性层积技术制造”项目（MELT项目）。3D打印在航空航天领域的研究由结构、零部件扩展到火箭燃料。美国空军研究实验室、NASA等机构创新活跃。美国华盛顿州立大学首次利用一步法3D打印技术，打印出由两种不同的材料构成的金属和陶瓷结构，以及一端具有磁性、另一端没有磁性的双金属复合管。美国在多材料打印领域成果最突出，成功开发出3D打印非晶金属与合金、复合泡沫塑料、液体复合物等新工艺。哈佛大学的旋转3D打印克服了在小尺度和局部水平上控制纤维取向的挑战，是仿生复合材料设计的一个巨大飞跃。3D生物打印技术已由多材料、多细胞延伸至分子水平，并且太空3D生物打印成美、俄新的研究热点。组织器官3D打印技术逐渐产业化，美国首个人体器官3D打印工厂建立，采用全息3D打印技术制造的人体器官可能在未来5年内投入市场。骨组织3D打印实现重大飞跃，为下一代骨移植技术发展开辟了广阔前景。

（三）新型化学电源和太阳能电池突破性进展显著

美军继续关注使传统锂离子电池更高效、更安全的新技术，同时紧跟锂硫电池、锂空气电池、镁电池、水基锌电池、氧化还原液流电池和可充电质子电池等的发展。锂空气电池充放电周期创新纪录，750次充放电周期后仍能运行；高电压镁电池取得突破，实用镁电池的上压极限提高到3.0V。有机太阳能电池电子传输速率获得里程碑式突破；新型钙钛矿太阳能电池创造长期稳定性新纪录，在60℃的全日照条件下，在最大功率点工作1000小时，仍保持95%的初始效率；反式钙钛矿太阳能电池转换效率创20.9%的最高值。

（四）红外探测成像技术持续降低成本和提升性能

新材料降低红外成像系统的体积和成本。利用硫族化物纳米光学元件构成的超颖表面能达到与曲面玻璃镜片同样的成像效果，但显著降低了系统的体积。InAsSb 半导体的制备新工艺可实现基于Ⅲ－Ⅴ族长波红外材料的夜视系统，为未来陆军夜间作战提供低成本解决方案。高速实时热成像技术获得突破。突破性的新型辐射热测定计，其响应时间比标准辐射热测定计快4倍，且灵敏度不受影响，适用于要求持续高帧速在线品质检验的机器视觉摄像机和导弹告警等领域。人工智能提高热成像系统面部识别能力。人工智能和机器学习可以通过热成像摄像机捕捉到来自活体皮肤组织的热量特征，在微光或夜间黑暗条件下拍摄人脸的热像。

（五）用于空间、海洋的通信新技术和量子通信开展多项测试或演示

NASA 开始小型航天器先进通信技术的轨道测试工作。测试涉及两个项目，即“集成式太阳能电池与反射阵列天线”和“光通信与传感器演示”项目。NASA 首次在太空中演示了全自主 X 射线导航的可行性，有望用于立方体卫星和载人航天，革新深空探测能力。DARPA 提出“海基物联网”构想，计划通过部署众多小型低成本浮标传感器来形成分布式网络，在海洋上实现持久态势感知能力。窄束激光通信技术已在实验室水池进行了成功测试，可能用于美国海军水下通信。利用软件定义的海底声学定位技术和仿海洋生物太阳定位技术也取得相应进展。量子通信方面，加拿大首次在城市真实环境中演示高维量子加密通信，以色列显著提升量子通信的数据传输速率。此外，美国特别关注全球 5G、6G 通信的发展。欧洲研发两项重要的 5G 通信天线技术，将降低体积、重量、能效和成本。德国已经开始研发 6G 通信技术。

（六）高功率激光和光学调制技术实现多项突破

单片单模太赫兹半导体激光器的输出功率达到170毫瓦，实现迄今为止此类激光器的最高功率。美国科学家成功将多束独立激光合并成单束超级光束，所得到的定向光脉冲的能量几乎是任意单光束的4倍。美军研究聚焦激光束诱导产生人声可用作非致命武器。光学调制技术方面，通过调控波长和频率实现隐身的新原理催生出新材料和新技术，超材料器件可分别实现对光速的控制和超强聚光能力，光学透镜的自由空间数值孔径达到0.99的最高值。美国海军研究发现，提高硼同位素的纯度是提升六方氮化硼纳米光电器件光学效率的新途径。

（七）量子科学领域获得一系列重大研究进展

硅量子芯片问世。澳大利亚新南威尔士大学的研究人员基于硅自旋量子位，创造出硅量子计算机芯片的完整设计。美、德团队把编码在自旋中的量子信息成功传递给光子，把自旋与光耦合，使利用光进行长距离自旋—自旋耦合成为可能。这也是向由硅制造量子计算设备迈出的重要一步。对斯格明子磁性材料、时间晶体、超导量子自旋液体等新材料和新效应的研究促进量子计算发展。芬兰领导的研究团队首次制备出曾被理论预测的超导型量子自旋液体，迈出了理解超导和量子材料的重要一步。量子科技对加密技术的挑战引起美国注意。一种叫做晶格场的加密方法可能抵御量子计算机的攻击，IBM公司正在重点研究晶格密码术。多国正在研究把声子成为传输量子信息的新介质。美国陆军对量子网络的理论研究和创建实践兴趣浓厚，美国空军和DARPA支持与量子科技有关的提高原子钟精度的研究。

（八）神经接口技术研发成果斐然，基因编辑的“双刃剑”作用引关注

“读脑”技术促进人机交互发展，脑控技术实现靠“意念”控制机械臂，人脑和互联网首次成功连接。DARPA 启动一项名为“下一代非侵入性神经技术”（N^3）的新项目，旨在开发一种将作战人员与设备连接起来的无创神经接口，希望在项目结束时演示双向系统，验证作战士兵与无人平台、主动网络防御系统或其他国防设备的交互。日本开发出一种算法使人能够凭借意念控制机械臂。南非开发出一种系统，可实现用户与其大脑的交互，有助于进一步实现大脑输入输出双向信息传输。新材料科技与神经接口技术协同发展。氮化镓半导体、石墨烯等二维材料、柔性导电纳米材料的发展使得神经接口的生物相容性和电子特性得到有效提升。在应用方面，利用神经接口技术恢复肢体功能研究有多项创新，这些创新也将促进未来人机融合的实现。美国在跟踪基因编辑技术在 T 细胞修饰和免疫疗法发展的同时，也关注其技术风险的可控性。

（九）自主系统的仿生设计以及提升机动能力、协作能力仍然是关注的研究重点

机器人仿生研究取得新进展，并实现与生物的融合。日本研制出可做类似于人类肌肉收缩动作的人形机器人，灵活程度是普通人的6 倍。新加坡通过在甲虫体内植入电子器件并控制其飞行路径，成功把甲虫变成“软体机器人”。美军对自主系统的机动能力开发关注较多，包括滞空时间接近26 天的长航时大航程机动无人机，以及可自由进出受限空间或区域的变形、变用途无人机等；可自主导航避障、姿态自主调控，以及复杂行动能力的机器人都有里程碑式新进展。例如，美国波士顿动力公司的“阿特拉斯”和“迷你点”机器人，实现了自主导航和避障。协作方面，美、俄国防机构都在开发无人系统集群控制技术，利用一个界面或一个系统控制一群“蜂群”；人工智能的应用也使无人系统间的协同能力获多项突破。

（十）网络安全将影响多个行业领域

美军对当前的网络安全形势进行研判，并重点关注网络攻击对电力系统、交通运输业、医疗行业、自主系统与物联网设备，以及供应链的影响。同时，关注应对网络安全的技术手段，包括新的硬件设计思路、新的时间分发方案、物联网加密技术等。美国专家提出应对网络安全需采取主动追击敌手的方式；欧洲议会呼吁欧盟成员国在网络防御方面加强合作；俄罗斯打造独立于互联网的军事“云”。

三、几点启示

（一）强化对满足战略需求技术的关注

一是威慑和对抗战略竞争对手的技术，包括采用动态、协调、高度自主和灵活的框架构建新型非对称优势的技术，如新型隐身技术、量子技术、太空技术、高超声速武器技术等。二是保卫本土免受攻击的技术，包括网络安全技术、生物防御技术等。三是基础性战略前沿科技，包括先进材料、能源科学、电子学、基因工程、机器学习、人机共生、快速进入太空、武器效能、加密技术等。

（二）强化对新兴技术的发展研判

2018 年，美军的前沿科技扫描成果中出现诸多对新兴技术发展研判或应对新兴技术威胁的内容。例如：跟踪物联网、区块链的发展，研判其军用潜力；跟踪加密货币和量子破解密码的发展动向；跟踪各国在神经技术、基因编辑、人工智能方面的政策措施和创新发展，研判相关技术风险；跟踪 4D 打印技术的开发进展；跟踪网络虚假消息对国家安全的影响及应对措施。

（三）强化对新时期美军能力发展的支撑

2018 年，美军的前沿科技扫描加强对能力发展需求的支撑。陆军方面，针对远程精确火力、下一代战车、未来垂直起降、网络/指挥控制和通信、防空反导和士兵杀伤力等6 项现代化事项的支撑技术，包括人工智能、超安全通信、机器人技术、物联网、含能材料、定向能、超材料等。空军方面，关注能够放大空中力量的持久属性，如速度、航程、灵活性和精确度等方面的技术，如高超声速、自主化、无人机系统、网络、可靠通信、太空、定位导航授时、纳米技术、制造技术等。海军方面，重点关注电磁武器、人工智能、自主系统和“蜂群”技术、3D 打印、能源供应与补给等有关技术。

（中国兵器工业集团第二一〇研究所　王勇）

DARPA展示多项创新性车辆技术

2018年5月，DARPA针对“地面X车辆”项目在机动性和乘员能力增强技术领域研发的轮—履转换行走技术、轮毂驱动技术、大行程悬挂技术、装甲透视技术、虚拟透视交互技术和自主驾驶技术进行了演示验证。这6项创新性车辆技术充分利用了近年来云计算、信息融合、自主控制、虚拟与增强现实、人工智能等技术的进步，采用创新的结构设计和技术手段，可大幅提升装甲装备的作战效能，形成新的车辆技术发展热点，有望推动装甲装备未来发展。

一、项目背景

继陆军“未来战斗系统”和“地面战车”项目陆续受挫后，为满足未来作战需求，研制作战性能和功能远超传统装甲车辆的下一代装甲装备，DARPA借鉴此前“X飞机”项目的成功经验，于2014年启动“地面X车辆”项目，面向各研发机构和军工企业寻求能够应用于未来下一代地面战车的创新性设计理念和先进技术。项目的核心思想是打破装甲装备“依靠增加装甲来增强防护力”的传统发展模式，通过采用创新性车辆技术，在确保下一代装甲装备高机动性能的同时，全面提升其防护能力、态势感知能力、智能化水平，使其能够适应未来复杂多变的地面作战环境，重新取得对主要对手的新的绝对优势。

二、项目概况

“地面 X 车辆”项目的目标是：与现有战车相比，车辆外形尺寸和重量减小 50%，乘员数量减少 50%，车速提高 100%，具备在 95% 的地形环境下的机动能力，信号特征显著降低。

项目重点研究的技术领域包括机动性、生存力、乘员能力增强、信号管理等，在这些技术领域选择并开展了一系列新颖的技术概念研究与验证：在机动性技术领域，采用越野机动、先进悬挂系统、创新轮—履行走装置、轮毂电机、极高车速行驶/快速全向机动等技术，提高战车在复杂环境中的行驶速度；在生存力技术领域，将传统战车主要采用避免被击中、避免被穿透的防护系统发展至避免被探测到、避免被攻击、避免被击中、避免被穿透的综合防护系统，采用能够提前探测来袭威胁以及装甲主动移位等技术，通过灵巧机动躲避来袭威胁；在乘员能力增强技术领域，采用全车本地态势感知、半自主机动辅助和载荷感知、带调整和提示功能的自动化技术等；在信号管理技术领域，全方位降低车辆信号特征。

从启动至今，“地面 X 车辆”项目实施了两个阶段，累计投资超过 5000 万美元。第一阶段从 2015 财年第 3 季度至 2016 财年第 2 季度，为基础研发阶段，主要开展性能与设计分析工作。目前项目正处于第二阶段，主要研究内容是选择和开发必要的子系统部件、演示车辆、测试仪器和系统接口，并进行测试和评估，参与第二阶段研究的单位主要包括美国卡内基·梅隆大学、美国霍尼韦尔国际公司、美国莱都斯公司、美国普拉特·米勒公司、英国奎奈蒂克公司、美国雷声公司、美国西南研究院、美国 SRI 国际研究所等 8 家科研机构。

三、演示验证六项创新性车辆技术

（一）轮—履转换行走技术

为提高战车在各种路面的机动能力，美国卡内基梅隆大学国家机器人工程中心开发出了轮—履转换行走技术。研发的行走装置形状类似于车轮，用6 个长方形支撑装置取代传统车轮的轮辋，外部套有一圈橡胶履带，在车辆机动时可根据地形在圆形车轮和三角形履带之间自由转换。采用轮—履转换行走装置的车辆兼具轮式车辆的高速机动性和履带式车辆的越野机动性特点，能够根据地形和路面质地变化情况在2 秒内转换行走方式，大幅提高车辆的通过性和机动能力。目前，该行走装置已经安装在 4 ×4 高机动多用途轮式车上进行了演示验证（图 1）。

（二）轮毂驱动技术

轮毂驱动技术是实现轮式装甲车辆电推进的关键技术。装甲车辆采用轮毂驱动可以省却复杂的传统机械传动系统，既减轻了车重，又增大了车内空间，提高了车辆总体设计自由度。英国奎奈蒂克公司研制的轮毂驱动系统由高功率小型永磁电动机、变频器、三速行星变速机构、摩擦盘式制动器、可控冷却系统等组成，集成在 20 英寸轮毂内，采用全新密封轮毂结构设计解决防尘问题，重 180 千克，额定/峰值功率为 65 千瓦/100 千瓦，连续输出转矩/峰值转矩为 16 千牛 · 米/24 千牛 · 米，最大负载为 4 吨/车轮，标称机械效率达92%。轮毂驱动系统集成多挡变速机构，能够提供车辆低速越障/爬坡所需的高驱动转矩和水平道路高速行驶特性；齿轮换挡机构设有空挡，在车辆出现故障被牵引时，通过空挡隔离轮毂防止不可控的电再生制动以实现保护功能；轮毂驱动系统集成机械制动器，制动性能优于电动机和制动机独立安装的非集成系统，在驱动系统发生故障时能够安全停车，具备坡度驻车功能。轮毂驱动技术可以减轻车重，提高车辆单位功率密度，提高车辆速度、加速性、转向等机动性特性和制动特性。

图1　安装在高机动多用途轮式车上的轮—履转换行走装置

（三）大行程悬挂技术

美国普拉特·米勒公司基于大行程悬挂技术研制出多模极限行程悬挂系统。该系统有长、短两种行程，短行程为10～15厘米，长行程为1.8米（可上调1米、下调0.8米）。安装这种悬挂系统的4×4车辆可实现不平路面上的高速行驶，且始终保持车身直立，确保车辆行驶稳定性和乘员舒适感。该系统还可通过调整每个车轮的液压悬挂装置来提高车辆攀爬陡坡的能力。大行程悬挂技术能满足不同地形需求，大幅提升了车辆越野机动能力、通过性和乘员舒适性。

（四）装甲透视技术

美国霍尼韦尔国际公司研制的装甲透视系统可通过虚拟视窗增强车辆360°态势感知能力（图2）。车辆乘员利用3D护目镜、光学头部跟踪器和环绕式活动窗口显示屏等装置，可在封闭车舱内观察车辆周围实时高清视图，实现封闭舱驾驶和作战。驾驶员利用该系统驾驶车辆在2017年以56千米/小时车速进行了160°视场的行驶测试，2018年完成360°视场的行驶技术演示，且通过同一路段所用时间与传统驾驶方式耗时基本相当。装甲透视技术可为车辆乘员提供周边态势的实时360°视场，实现封闭舱内实时、全景、可视化、精确定位友军与敌军，提高乘员的态势感知能力和生存力。

图2　装甲透视系统

（五）虚拟透视交互技术

美国雷声公司基于虚拟透视交互技术研制出“虚拟视角增强自然体验”系统（图3）。该系统将车载激光雷达获得的点云信息、车载摄像机获得的二维视频信息、狙击手探测系统获得的威胁信息、导航系统的路径规划信息等融合生成“真实”的三维模型，再将三维模型输入到驾驶员、车长、炮长的二维显示器上，形成多视角虚拟透视场景。通过采用虚拟透视交互技术，乘员能够身临其境地感知车外环境、前方威胁、规划路线等信息，在低速和高速行驶期间能准确操控车辆并探测目标。

图3　“虚拟视角增强自然体验”系统界面

（六）自主驾驶技术

美国卡内基梅隆大学国家机器人工程中心正在开展基于自主驾驶技术的“乘员越野驾驶能力增强”项目研究，其目标是开发半自主或全自主操控的“虚拟驾驶员”系统（图4）。该系统既可以为驾驶员提供辅助驾驶功能，也可以在“驾驶员放手”模式下自主驾驶车辆，并可以自主选择最安全和最快速的行驶路线。采用“虚拟驾驶员”系统的车辆可在越野地形上自主避障驾驶，将驾驶员解放出来执行其他任务，降低了乘员工作负荷，提高了车辆及乘员的行驶安全性。

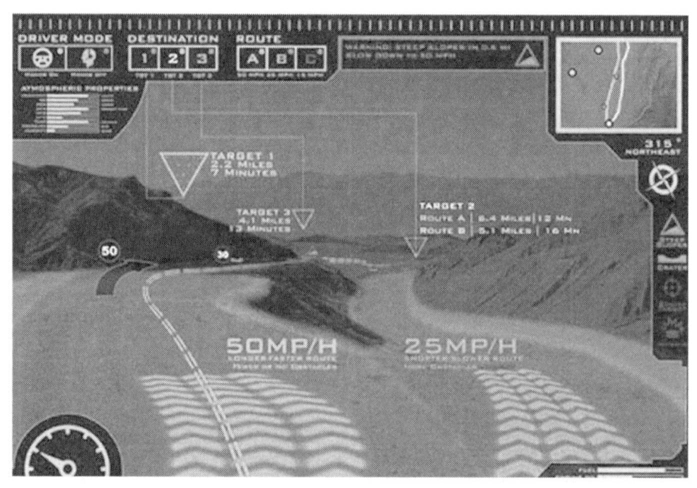

图 4　自主驾驶系统人机界面

四、结束语

目前，DARPA 正与军方合作加速创新性车辆技术的成熟和转化，同时继续推进“地面 X 车辆”项目在生存力和信号管理等技术领域研发创新性车辆技术。这些创新技术将支撑陆军下一代装甲装备研制，如陆军正在研发的“下一代战车”将采用“地面 X 车辆”项目在机动性和乘员能力增强等技术领域研发的相关创新技术，大幅提升未来战车的机动性、态势感知能力、生存力、可操控性和智能化水平。

（中国兵器工业集团第二一〇研究所　王桂芝）

DARPA 启动早期实时化生放核全谱感知系统项目

面对日益严峻的化生放核威胁形势，美国国防高级研究计划局（DARPA）国防科学办公室（DOS）于2013年启动了旨在应对“美国当前面临的最大的国内安全威胁——核与放射性“脏弹”的项目计划，该计划命名为“西格玛”（SIGMA）计划。计划通过寻求低成本、高效率的成套辐射探测装置创新方案，实现对特殊核材料（SNM）或放射源等潜在威胁的识别和测定，从而实时掌握国家重点城市乃至国家的核及辐射安全态势能力。2018年2月20日，在SIGMA项目基础上，DARPA发布一份特别公告宣布正式启动“SIGMA+”项目，以谋求建立化生放核爆全谱监测、分析与响应系统。

一、项目设计思路

（一）致力于寻求满足低本、高效核探测新手段，实现核探测能力优化

“9·11”事件后，美国积极开展核探测器研发项目。其中，氦-3元素

因具有灵敏度高的优势成为了探测核弹及放射性物质的最佳材料。美国国土安全部与能源部曾斥资数亿美金用于研发以氦-3为填充的中子探测器，并计划生产数千台用于全世界港口，从而更好地预防和打击恐怖行动、维护国家安全。然而，因氦-3资源的严重缺乏及利用该元素开发探测器的高昂成本，美国不得不中止了在境内大范围部署氦-3探测器的相关计划。此后，美国陆续开展创新性研究成果和方法的支持性项目，以提升对核与辐射材料的早期探测能力。

基于此背景下，开发成本低、效率高且可大范围部署的核探测装置是SIGMA项目研究的重要目标之一。项目提出开发两类辐射探测器：一类是尺寸较大，类似于车载的探测器。这种探测器应是一种大型、低价且高效的伽马和中子探测仪，每台成本在降低1个数量级的同时灵敏度要高于现有产品；另一类是廉价的、智能手机大小的人员使用的便携式探测器，预期目标为伽马和中子双模探测器，要求比现有产品的成本降低1个数量级，且对伽马与中子探测的灵敏度分别提高5倍和10倍以上，可以探测最微小的放射性物质痕迹。这两类探测器应能进行大范围部署，且通过与部署在主要道路、桥梁和其他固定基础设施的探测器联网，可大幅提高对辐射源的感知能力，并对可能的威胁更早发出预警。

（二）分布式推进项目开展，注重阶段性测试与评价工作的跟进

DARPA通过数次基于现实场景的评价试验，来检验项目的阶段性完成情况。2016年初，在纽约和新泽西港务局某重要运输中心，DARPA启用100台联网SIGMA传感器进行测试试验。参试传感器展现了良好的性能，实现了对放射源的精确定位、强度与种类的识别以及快速报警功能，其定位和识别能力比现有系统提高了100倍。参试的探测器仅口袋大小，成本只有常规产品的10%，探测伽马和中子的速率最快增加了10倍，而且实现了 1 万台单价 400 美元的预期目标。随后，在 2016 年 7 月和 10 月，SIGMA 项目分别又进行了两次针对小型辐射探测器的测试行动。其中，2016 年 10 月，有 1000 名志愿者参加了在美国华盛顿进行的小型辐射探测器测试。根据相关报道，测试使用了由日本 Kromek 公司开发的仅为智能手机大小的新型辐射探测器 D3S。该探测器采用了两项先进探测技术：一是非氦 -3 紧凑型热中子闪烁探测器和掺铊碘化铯晶体；二是硅光电倍增器的伽马探测器。探测器满足了 SIGMA 项目对低成本、携带方便、高灵敏度和使用寿命长等设计预期。试验还展示了 D3S 探测器实时检测伽马辐射和中子辐射能力，且初步建立了传感器网络，并实现了与手机网络的互联。

除了对小型探测器的试验测试，2017 年 2 月，SIGMA 项目在华盛顿特区完成了一次堪称美国有史以来规模最大、时间最长的车载辐射探测器试验。此次试验中，所有应急救援车辆共装备了 73 个大型探测器。这些探测器共记录了超过 10 万小时的探测作业情况，覆盖范围超过 24 万千米的区域，并实时识别了数千个辐射源。

通过系列测试，SIGMA 项目涉及的两类探测器其实际能力得到了充分验证，同时通过对传感器数据的深度融合，实现了对核威胁变化态势的实时感知，SIGMA 项目最终按预期计划完成了阶段性目标，这为后续项目的深入开展和实施打下了坚实基础。

（三）谋求全谱化生放核（CBRN）威胁早期感知，全面提升综合防御能力

随着商业技术，如增材制造（3D 打印）、小规模药物化学反应器和 CRISPR 基因操作工具等高科技手段的不断发展，恐怖分子利用此类技术进行恐怖活动等新型风险也在不断上升，为防止敌对分子通过不易被探测的

形式利用这些技术制造少量的化学、生物、放射性、核以及高当量爆炸物（CBRNe）大规模杀伤性武器（WMD），基于SIGMA阶段性测试的成功结果，DARPA计划进一步开展SIGMA系统的广域监测能力。2018年2月20日，在SIGMA项目基础上，DARPA发布一份特别公告（ARPA－SN－18－33），宣布正式启动SIGMA＋项目。SIGMA＋将以现有传感器能力为基础，建设与SIGMA项目下进行的核与放威胁检测类似的全联网、可扩展的化生爆威胁高性能探测器。SIGMA＋项目提出将增加传感器模式，并整合大规模化生放核爆（CBRNE）传感器数据、新的自动化多源数据分析以及其他环境数据。与此同时，SIGMA＋项目还将利用先进的社会科学技术进行敌方建模，以增强对威胁的检测和阻止效果。

二、SIGAM＋项目主要研究内容

SIGMA＋以SIGMA项目为基础，将发展可用于整个城市CBRNE威胁的全谱、实时、持久、早期探测系统。预期实现能力将主要通过对物理感测、大数据自动分析技术、环境数据分析以及先进的敌方建模功能集成，构建对所有化生放核爆大规模杀伤武器威胁进行早期检测的变革性实用性系统。根据2018年4月发布的综合部局公告（BAA），SIGMA＋项目共提出传感器、网络与分析、测试与评估三个发展重点，分为两个实施阶段。第一阶段重点是传感器、组网架构和自动分析功能的研究；第二阶段重点是整体检测网络的集成。整个项目期间将贯穿系统模拟、试验和评价。其中网络与分析任务分为两期实施计划：A期从2019财年第四季度（FY19Q4）到2021财年第四季度（FY21Q4），共27个月；B期从2022财年（FY22）到2023财年（FY23），共24个月。

SIGMA + 项目对计划开展的 3 个重点发展技术领域提出了相应的研制目标和指标体系。

（一）针对化学侦检技术领域

项目提出寻求发展一种化学侦检系统，能够在多层建筑内持续、自动监测较大范围（约 10 千米^2）城区探测或鉴定化学危险（如爆炸物、化学战剂、有毒工业化学品或毒品等）的存在，要求能够同时探测或鉴定多个痕量物质，包括某类威胁的前体。

（二）针对生物检测技术领域

项目提出研发一种移动式（如车载式）、多功能、可扩增的空气监测器，可对城市范围内生物袭击进行持续监测和早期预警，同时能够对多种良性生物进行本地监测和识别。该系统的移动式实时联网监测可以同其他背景数据（如气象数据）相结合，从而优化系统灵敏度，同时降低误报的产生，并具备进行快速二次扫描和判断功能。

（三）针对网络与分析能力

根据 DARPA 发布的项目公告（DARPA – PA – 19 – 01），重点对网络与分析能力提出了预期指标。该部分包含 3 个技术领域：多源数据的自动化和传感器综合分析（TA3）、网络基础架构与系统集成（TA4）以及接口与互操作性（TA5）。TA3 寻求通过多源传感器数据的综合分析增强 CBRNE 威胁检测网的功能，提高 WMD 威胁的阻断概率。通过利用更多背景数据来降低总体误报警率并减少干扰源影响，构想的系统可以降低运行负担并提高灵敏度。TA4 主要寻求灵活、可扩增的网络基础架构，从而将 SIGMA 项目、SIGMA + 传感器项目和 SIGMA + 网络与分析项目中各技术领域信息进行综合集成。公告提出 SIGMA 项目下部署的网络基础架构将作为 SIGMA + 项目 TA4 发展的起点。TA5 技术领域，旨在研制 SIGMA + 系统期间，应实现已有系统和网络间互操作性整体效率的提升，从而也更便于美国各部局及盟友共同应对大规模杀伤性武器威胁。

三、SIGMA+项目未来构想

为了让开发人员更清楚地了解 SIGMA+系统的设计目的和工作模式，以便让研发部门更有针对性地提出研发设计和实施方案，DARPA 针对 SIGMA+项目未来最终的运行给出了应用场景构想，并设计了一套针对某非法实验室利用 SIGMA+系统实施探测任务的构想示例。

利用移动式联网化学传感器系统（可能会将现有车辆用作运输载体）对较大城镇区域内的街道和建筑物进行连续侦测，通过 SIGMA+网络实时报告检测结果。侦测获得的数据与其他相关数据进行融合和集成，将有助于建立更为清晰的时空场景，通过不断地进行侦测评估，可提高对可疑物质的检测灵敏度（如各种危险物或挥发性前体）。基于敌方模型和环境数据的自动多源数据分析，将有助于提取最具相关性和操作性的信息，同时也可用于引导或指示传感网络。在给出的示例中，化学传感器可自动进行重新配置以提高对某一特定种类前体化学品的检测灵敏度，或者转向某一优先检测区域进行更深入监测。反之，传感器异常读数也可用于提示和触发自动搜索，便于情报或执法应用。

DARPA 还对提供的示例进行了解释，认为通过示例的侦测场景可以扩展与 CBRNE 相似的威胁检测的应用。虽然这些示例仅代表了最具挑战性的一些应用，但根据推测 SIGMA+项目所涉及的先进技术将会广泛应用于国家安全领域。

四、结束语

SIGMA 项目以国防安全需求和创新技术驱动，不仅基于现实问题的解决方案，更注重以前瞻性眼光感知美国未来所面临的挑战和潜在需求，以需求和挑战牵引技术方向与项目研发也正是 SIGMA 向 SIGMA + 延伸及拓展的核心导向。

（军事科学院防化研究院　滕珺）

美国陆军研究实验室2018年十大科技进展简析

2018年12月，美国陆军研究实验室公布了年度十大科技进展，分别是同核异能态的电子俘获诱导核激发、“人在回路”机器学习技术、BODN炸药、跳跃机器人超强动力理论、铜钽纳米晶二元合金、新型热障涂层、燃气轮机燃料雾化过程X射线成像、利用类脑计算进行整数分解、里德堡量子传感器、以最小失真传输量子信息。这些研究成果是陆军科研人员为支持未来陆军能力发展而做的基础性、前瞻性研究，对未来武器装备和军事技术创新有着重要影响。

一、进展回顾

（一）首次实现同核异能态的电子俘获诱导核激发，推动高能核电池技术创新

原子核的同核异能态比普通的激发态寿命长得多，可作为一种核能存储手段。2018年2月，美国陆军研究实验室领导的研究团队在《自然》杂

志发表文章，首次报道^{93}Mo实现了同核异能态的电子俘获诱导核激发（NEEC）。这是一种以受控方式从原子核安全释放能量的现象，不属于核反应。早在1976年，科学家就预测了实现同核异能态的NEEC效应，但一直未观测到。美国陆军研究实验室首次在原子核同核异能态诱发研究方面取得重大突破，有望开发出比能量相当于传统化学电池10万倍的核电池，用于火箭燃料、便携能源等领域，对陆军动力与能源技术发展具有重要推动作用。

（二）新的“人在回路”机器学习技术可快速安全训练自主系统

2018年11月，美国陆军研究实验室和得克萨斯州农工大学研究人员通过有效结合人类演示与干预，对自主系统进行了实时安全训练。研究人员为机器人开发出一种“人在回路”机器学习技术，该技术可实现机器人与人类交互。人类训练员通过演示、实时干预、实时评价反馈等多种方式教授人工智能体；人工智能体利用被称为“深度驯服”和“学习周期”的新算法有效解释训练员的行为，迅速学习如何在新环境中执行新任务。该技术对未来战场快速训练自主系统，支撑人机协同作战具有重要意义。

（三）新型炸药比TNT威力更大、更安全

2018年5月，美国陆军研究实验室和洛斯·阿拉莫斯国家实验室联合开发出一种名为双（1，2，4－恶二唑）双（亚甲基）二硝酸酯的包含24个原子的含能化合物，缩写为BODN。这种炸药与梯恩梯相比，爆压提高50%；与黑索今相比，冲击和摩擦感度更低；其熔点为84.5℃，适于进行熔铸，分解温度为183.4℃。研究人员开发的BODN低成本安全合成工艺，得率为44%，实验室合成规模为每批次25克。美国陆军一直在通过联合弹药计划寻求与梯恩梯威力相当、熔点合适、更安全环保的替代品，BODN是一种有潜力的替代方案。

（四）新原理为跳跃机器人的超强动力研究提供理论基础

2018 年 4 月，美国陆军研究实验室资助马萨诸塞大学、斯坦福大学等机构，研究了小型快速生物和工程系统的级联功率限制问题，发现了利用弹性结构使动能最大化的原理。这些原理可使蚱蜢等生物系统跳得既快又远，即系统把能量储存在可突然释放的带有锁存机构的投弹弓中，放大肢臂的最大投掷力。该研究为设计具有高功率输出的轻便耐用的仿生装置奠定了理论基础。未来，基于该理论设计的跳跃机器人可以在不被注意的情况下收集战场情报。

（五）铜钽纳米晶二元合金将大幅提升陆军装甲的防护性能

2018 年 7 月，美国陆军研究实验室和亚利桑那州立大学合作，开发出一种由铜和钽组成的纳米晶二元超强合金。该合金的平均晶粒尺寸约 50 纳米，内部结构中具有独特的钽纳米团簇，这会使材料的结构稳定性和强度加倍，并且不会因高速冲击时的变形响应而失去韧性。新合金不仅能承受极端冲击，而且耐高温，在高于 800℃时微观结构几乎不发生变化，是一种陆军弹药或装甲结构用优良候选材料。

（六）新型热障涂层保护涡轮发动机免受沙子侵蚀

军用直升机等飞机发动机的涡轮叶片通常要覆盖热障涂层，以防止叶片过热。但在沙漠地区，发动机进气口的颗粒分离器不能完全分离小于 75 微米的细小沙粒，这些沙粒进入涡轮发动机后，会熔化并粘在热障涂层上，影响叶片寿命。美国陆军研究实验室正在开发并优化一系列防沙热障涂层技术，以保护飞机发动机免受沙粒侵蚀，延长飞机的飞行和战斗时间。该研究将为美国陆军 2040 年后推进系统材料技术开发提供指导。

（七）利用强 X 射线首次对燃气轮机的燃料雾化过程成像，助力高效无人机的设计

对燃气轮机燃烧室的雾化过程进行成像和测量一直是难题。2018 年 4

月，美国陆军研究实验室无人机系统推进中心通过阿贡国家实验室的先进光子源，利用强 X 射线首次对燃气轮机喷嘴顶端的喷雾破碎过程进行了成像。该研究可使科学家深入了解燃料的雾化过程，以及不同燃料对燃烧室的影响；研究数据有助于设计功率密度和效率更高的燃气轮机。无人机系统推进中心是美国陆军研究实验室 2018 年新成立的部门，致力于开发航时更长、载荷更大、噪声更小的突破性小型发动机技术，支持陆军未来垂直起降现代化项目。

（八）利用类脑计算进行整数分解，加速陆军解决战场上复杂数据问题

2018 年 3 月，美国陆军研究实验室提出一种利用类脑计算机架构解决极复杂问题的方法，如整数分解这种古老的数论问题。一些先进的网络安全技术依赖于大型合数的分解，传统计算机进行大型合数分解可能需要数年时间。研究人员设计了一种利用类脑计算机进行大量并行计算来分解大整数的方法，并验证了其速度和能耗优势。这为开发在尺寸、重量和功率受限环境下工作的设备提供了新的解决方案，有助于未来陆军在电力和网络连接受限的战场条件下快速解决极其复杂的数据问题。

（九）里德堡量子传感器将同时实现超宽带通信天线的小型化、灵敏化、高速化

2018 年 5 月，美国陆军研究实验室和马里兰大学合作，提出利用激发到异常高能级的原子开发新型量子天线，以便为未来士兵提供背景噪声更小、更精确的传感器。研究人员通过把原子变成对电场超级敏感的奇异量子态，即里德堡态，可获得比传统天线快得多的通信速率，甚至还能突破传统天线的限制，使未来士兵能够利用微型量子接收器进行高灵敏度、并行、快速的通信。

（十）以最小失真传输量子信息，实现量子网络和超安全战场通信

2018年11月，美国陆军研究实验室研究了一对分离的光子如何能够最大化地保持纠缠而不失真。运动中的光子穿过空气或光纤时，纠缠会发生畸变失真。研究人员提出一种通过操控留在本地的光子来恢复运动光子纠缠特性的方法。该方法可增强光纤量子信道的鲁棒性，是实现量子网络以及超安全战场通信的重要一步，将推动导航、授时传感器以及量子计算机的发展，支撑未来战场信息传输。

二、启示

（一）近十余年来首次公开评选年度基础科研创新成果

自2002年以来，美国陆军几乎每年都会评选颁发“十大发明奖”，鼓励激发科研人员对未来武器装备的创新热情。这些技术发明倾向于成熟度极高的武器系统技术，甚至是已经部署使用的装备。而此次评选的成果侧重于基础科学技术的创新，成熟度较低，但军用潜力明显，对未来军事能力有重大影响。

（二）基础科技创新贴合陆军现代化战略

“陆军现代化战略”中确定的六大优先事项为远程精确火力、下一代战车、未来垂直起降、陆军网络、防空反导和士兵杀伤力。陆军研究实验室的科研活动首先要满足优先事项的需求。十大科技创新进展与陆军现代化战略有较为密切地贴合。高能核电池和新型火炸药技术为士兵装备和远程精确火力提供支持；“人在回路”机器学习、跳跃机器人的理论研究和铜钽纳米晶二元合金的开发为下一代战车和自主系统提供支撑；新型热障涂层和燃料雾化过程成像为未来垂直起降平台的发动机研发设计奠定了重要基

础；利用类脑计算解决数论问题、开展量子传感器和量子信息传输研究有利于未来陆军网络解决复杂问题，实现高灵敏、快速、超安全通信。美国陆军现代化转型可能持续30年。因此，陆军科研着眼于长远，立足打牢基础，为现代化建设持久发力。

（三）将更加注重对维持中远期“绝对军事优势”科学技术的研判和积累

2015年以来，美国陆军相继开展多项预测性研究，研判新兴科学技术对未来30年陆战能力的影响。重启“疯狂科学家”论坛，面向2050年军事能力需求，围绕超大城市作战、多域战、频谱战等主题，汇集军内外科技人才的奇思妙想；预测2045年前新兴科学技术发展趋势，从690项技术中筛选出机器人与自主系统、云计算、量子计算、智慧城市、合成生物学等24项重点技术；预测了改变2050年陆战游戏规则的潜在科学技术，涉及人造细胞、计算合成孔径成像、小型多功能量子红外传感器、量子信息、未来弹性战术网络、智能编队、嵌入式人工智能和预测失败的复杂性科学等。此次对十大科技创新的评选，再次反映出陆军对前沿科技创新的重视与渴求。

（中国兵器工业集团第二一〇研究所　王勇）

美国陆军研究实验室人工智能领域研究态势

美国陆军研究实验室（ARL）通过探索、创新、转化科学技术，确保陆军的战略力量在全球占据主导地位。2018 年，ARL 在自主系统、人机交互、嵌入式智能、无人蜂群等人工智能领域取得多项突破，这些成果支撑了该机构在基础和专业领域的研究，将对陆军未来武器装备和军事科技创新产生重要影响。

一、研究布局

根据 ARL《2017—2018 中期评估报告》《2015—2035 技术发展战略》，ARL 在基础科学、计算科学、材料科学、评估分析 4 个基础领域，分别与机动科学、信息科学、杀伤防护、人体科学4 个专业领域相呼应，不断整合先进的技术成果。其中，人工智能研究主要穿插于计算科学、基础科学、人体科学、机动科学、信息科学领域，支撑智能系统、系统智能、人机交互、智能算法等技术探索，成果主要应用方向包括人机编队、无人蜂群、网络对抗、自主武器、人体效能增强等。

（一）基础领域研究重点

基础领域研究重点，主要体现在3个方面：一是复杂系统建模与理解，应用先进计算科学与高性能计算机，采用预测性建模与仿真技术保障陆军系统的先进性，包括跨模态人脸识别以及融合文本与图像特征来改进人类活动的机器学习方法等；二是数据密集处理，研究组合包括评估和推进新的软件算法，以支持人工智能和机器学习在受限环境中应用，实现对大规模数据实时分析；三是新的计算能力和架构，包括应用机器学习、神经形态/低功耗计算、深度学习等技术，支撑多个智能体控制、智能网络防御等方面的研究。

（二）专业领域研究重点

在信息科学领域，ARL专注于利用新兴技术支撑智能信息系统研发，提升感知执行、系统智能、人机交互、网络通信、网络安全能力，完成信息采集、分析、推理、决策、通信、信息防护等任务。在人体科学领域，研究重点主要针对脑体交互、人人交互、人机交互能力，以提高士兵在全维作战中的作战效能，提高指挥官的战场认知及决策能力，确保陆军能够利用社会文化相关知识以及社会认知网络来构建理想的作战环境。在机动科学领域，研究重点是在基础层面上理解和认知先进的机动系统及其支撑架构，通过对能源、推进、平台力学、平台智能和后勤的持续性研究，提升未来陆军的行动、后勤、机动能力。

二、研发方向

2018年，ARL在人工智能领域的经费超过6300万美元。其中：自主系统领域3600万美元，包括智能自主系统、人机交互和集群研发；仿真训练领域2700万美元，包括增强现实、沉浸式训练。

（一）利用小型自主系统和人机协同增强作战能力

ARL主要依托“机器人自主、操控与便携性”“自主机器人与人机交互研究”“分布式协同智能系统技术”3个项目群来探索人工智能技术在自主系统、人机交互、智能集群方面的应用。

“机器人自主、操控与便携性”项目群主要研究轻小型机器人在复杂环境下的自主性、实用性、便携性，研究方向包括机器感知、智能控制、仿生机器人、机械手、动力系统。其中：机器感知探索超小型传感器的机器视觉算法，感知周围环境；智能控制探索无人系统在复杂环境下的自主操控技术，减少人为干预；仿生机器人和机械手主要利用微机电、仿生技术、非线性控制算法，实现灵活的机动性、稳定性和适应性；动力系统主要研究混合能源循环发动机和能量转换技术，实现紧凑、轻便、静音、低功耗、高密度动力源。

“自主机器人与人机交互研究”项目群重点探索可增强前沿部队作战效能的人机融合与交互技术，主要研究方向是增强机器人和人类的认知能力，包括可独立运行或协同的智能感知、推理与交互技术、自适应通信与数据收集技术、网络防御技术、信息检索软件、预测与解释性决策支撑技术等。

“分布式协同智能系统技术”项目群正在研究融合战术云、传感器、超级计算、知识库、专家系统、自主系统的理论和算法，开发用于控制大型自主集群的体系架构，这种集群中的平台在感知、计算、平台、自主能力方面具有不同程度的异构性和模块化，可在动态和多变的战场环境下执行任务。

（二）增强士兵训练系统效能

ARL正在通过“先进建模仿真技术”项目群探索利用人工智能技术模

拟复杂环境、非对称威胁、最新战法，增强连排级部队士兵的训练效能，支撑发展未来作战所需的技术和装备，与此相关的项目包括“混合与增强现实技术”和“高效训练”。

“混合与增强现实技术”项目将整合已经发展成熟的虚拟、混合、增强现实技术，包括通信、算法、计算机、视觉系统，为士兵提供更加真实的作战环境。该项目已经开发了头盔显示器、穿戴计算机、光学组件等，未来将集成到班组和下车士兵装备体系中。

“高效训练”项目将利用人工智能技术开发训练结果预测模型，提高士兵训练效果。该项目有助于探索计算机、模拟环境和现实环境训练维度的融合方法，制定显示作战环境与沉浸式训练关键维度的设计标准，制定未来培训技术发展指导方针。

三、研究进展

2018 年，ARL 在自主系统、人机交互、嵌入式智能、无人蜂群等方面取得多项成果。

（一）智能感知实现连续对象学习感知能力

这是目前 ARL 在人工智能领域最重要的研究方向。在智能控制方面，ARL 开发了一种称为“符号和次符号机器人智能控制系统”的无人系统控制架构。该项研究在 2006 年启动，2018 年完成了研发和功能评估，应用了认知心理学、计算机科学、人工智能等不同学科，成果可作为陆军智能平台的通用控制架构。在智能感知方面，ARL 最新启动了“自适应感知过程”计划（APPLE）。该计划的目标是实现连续对象学习感知能力，可以从开放式框架的经验中学习新的对象实例和类别。ARL 目前已经测试了初步成果。

测试中使用运动检测算法描绘对象，然后将描述语言直接馈送到神经网络。神经网络的训练模式采用渐近式，拓扑结构使用非参数模型定义。下一步，ARL 将继续研究以确定在 APPLE 计划中使用的最佳算法。

（二）人机交互实现肢体动作感知交互

ARL 不但参与了 DARPA 在研的“可解释人工智能”项目，同时也在开展基础研究，实现用户和智能系统之间的相互理解，以形成和维持一个良好的人—智能机器团队。2018 年，ARL 通过自然语言对话形式进行智能系统和用户的鲁棒性互动，双方能够在现有的问题、答案、行为背景下相互理解对方的意图。在智能交互接口方面，ARL 实现了智能系统通过感知用户肢体动作、面部表情等线索了解用户意图的能力，最终目标是允许智能系统读懂人的思想。实验室在“人在回路强化学习”方面也取得了重大进展，通过向人工智能系统提供人对其行为的反馈，大大减少了机器学习系统所需的示例数量。在战术人机编队方面，ARL 使用 LED 信号以可视化的方式实现了战术机器人与作战人员的人机互通。

（三）嵌入式智能实现计算机有限资源学习能力

ARL 近期的研究成果表明，可以利用有限资源来提高机器学习速度，帮助士兵更快地破译信息，部署解决方案，如识别车载简易爆炸装置之类的威胁，或者航空战区潜在的危险区域。研究人员采用了低成本、轻量化的硬件实现了协同过滤。这是一种应用于先进的低功率现场可编程门阵列中的机器学习技术，与最先进的优化多核处理系统相比，这种技术实现了 13.3 倍的加速能力，功耗降低了 9 倍以上。这些性能使该技术成为自适应、轻量级战术计算系统的潜在应用组件。ARL 称，这种技术最终可能嵌入下一代战斗车辆的功能组件，在分布式联合环境中为作战人员提供认知服务。2018 年，ARL 与南加州大学合作，共同致力于通过“西海岸开放校园倡议”，在多样化低成本硬件上加速和优化战术学习应用，正在致力通过最新的廉价硬件加速智能算法研究。

（四）持续在无人蜂群技术方面增加投入

2018 年，ARL 已经给予宾夕法尼亚大学牵头的研发团队 2700 万美元资助，用以开发能够创建自主、智能、容错性高的机器人集群的新方法。这种集群由多类型机器人和不同功能的传感器组成，旨在帮助人们在恶劣危险环境中执行搜查和拯救人质、自然灾害后的资料搜集等任务。该项研究的主要内容是赋予机器人或者传感器“智慧”，使它们能够自主学习和适应不同的设置并能够与人类一起执行新的任务。

四、结束语

ARL 已经将很多人工智能技术投入战场，正在开发的小型手持式自主飞行系统可作为士兵随身携带的传感器，执行战术监视和侦察任务。ARL 的近期目标是将机器人自主技术应用于更大型的地面系统，如陆军的下一代战车项目正在开发的无人车，该车计划在 2019 财年交付 4 辆样车。未来，这些战术无人系统将获得更高的自主性，可以在没有通信网络的“反介入/区域拒止”环境中运行。在智能情报处理方面，ARL 面临的挑战主要体现在人工智能技术与情报应用的集成。人工智能技术目前依赖大型数据集和对知识库的访问，但这些条件在复杂战场条件下难以实现，小型数据集较分散，数据可靠性低，同时无法保证有效访问。为解决这一挑战，ARL 需要在人工智能的基础研究方面有所突破。

（中国兵器工业集团第二一〇研究所　于洋）

FULU

附 录

2018 年陆战领域科技发展大事记

借助蝴蝶翅膀的灵感研发化学毒剂传感器 2017 年 12 月，为美国空军工作的一个化学家小组使用从蝴蝶翅膀中提取的晶体来探测微量化学毒剂。研究发现，变形蝶翅膀上的材料可以探测到化学物质，蝴蝶翅膀上的颜色不是色素沉淀，而是由于光子晶体的存在而形成的，这种特殊的晶体会影响光线的反射和折射。当人直视蝴蝶的时候，它翅膀的鳞片是无色的，但是换个角度看时，它呈现蓝色。利用这种光散射特性，光子晶体可以被用来探测各种类型的化学气体。由此，研究人员测试了蝴蝶翅膀鳞片的能力，以检测芥子气和一种神经性毒气的模拟剂。

美国国防高级研究计划局探索基于硬件的信息安全方法 2017 年底，美国国防高级研究计划局启动了“通过硬件和固件集成实现系统安全”项目，旨在确保计算机硬件的安全，并防止利用硬件漏洞的软件攻击。上述项目的关注重点是微架构层面上的硬件安全，美军期望在确保安全的前提下同时不影响系统的性能和能力。

雷声公司与 D13 公司合作开发“幻术师”反无人机系统技术 2018 年 1 月，美国雷声公司与澳大利亚 D13 公司签署合作协议，共同开发和营销

“幻术师”反无人机系统技术。该系统可持续感知目标区域的空域并搜寻有用信号，在探测、识别和辨认到无人机信号后，可提取有用数据并切断无人机与控制器之间的链路，并将数据包发送到无线传输协议中，接管无人机。

美国陆军发布《网络空间与电子战行动概念（2025—2040）》 2018年1月，美国陆军训练与条令司令部发布525－8－6号文件《美国陆军网络空间与电子战行动概念（2025—2040）》，提出了美国陆军网络空间、电子战和频谱管理未来的能力需求、发展愿景、训练方式和战术应用。该文件是525－3－1《美国陆军作战概念：在复杂世界中获胜》的延续和扩展，致力于推动陆军网络、电子战和电磁频谱的全面整合，实现多领域同步和协同作战。

德国推出微秒级安全型主动防护系统 2018年1月，德国ADS公司完成“下一代主动防护系统”的设计、研发和系统测试，推出了世界上首个达到IEC61508二级安全标准的主动防护系统。“下一代主动防护系统”主要由电子控制系统和多组防护模块组成，电子控制系统用于传感器信息处理、功能协调和控制，每组防护模块包含多个传感器和拦截弹，分别置于车顶外部。在来袭威胁距离车辆10～35米范围至碰撞前，告警传感器探测和识别速度为50～200米/秒的多个来袭威胁并计算弹道；在距离车辆2米范围内，光电传感器精确确定10米/秒的来袭威胁即将毁伤车辆的位置和时间（有助于优化选择和控制拦截弹）；在距离车辆1米范围内，拦截弹起爆摧毁威胁。

印度采用3D打印技术制备复杂内孔形状复合固体推进剂 2018年1月，印度科学研究院采用增材制造技术制备出多种复杂内孔形状的高氯酸铵/端羟基聚丁二烯/铝粉高能固体推进剂药柱。打印过程中，喷嘴内径为

0.5 毫米，可在 X、Y、Z 三个维度移动，定位分辨率为 0.05 毫米。通过调整内孔形状、孔隙内填充物的种类和密度，可调整推进剂的燃速。未来，可以制备更复杂、更多类孔隙的推进剂药柱，使推进剂实现精确可控燃烧，产生可控推力。

美国利用双喷嘴喷墨打印技术精密安全制备纳米铝热剂 2018 年 1 月，美国普渡大学利用双喷嘴喷墨打印技术实现了纳米铝热剂等含能材料的安全制备。研究人员采用4 遍打印方法制备纳米铝热剂，是先用纳米铝胶状悬浮液打印 A、D 两个子层，而后迅速用纳米氧化铜悬浮液打印 B、C 两个子层。重复上述操作，可制得所需层数的纳米铝热剂。该技术易于转化，适于制备常规单喷嘴打印技术无法制备的含能材料。

美国“拒止环境协同作战”项目进入第 3 阶段 2018 年 1 月，美国国防高级研究计划局“拒止环境协同作战”项目成功完成第 2 阶段飞行测试，进入第 3 阶段。“拒止环境协同作战”项目旨在拓展美军现有无人机系统在竞争或拒止环境中对高机动地面和海洋目标开展动态、远距离打击的能力。通过“拒止环境协同作战”项目，多架无人机可飞往任务目的地，并依据既定的交战规则展开对目标的搜寻、追踪、识别和打击任务，所有工作都在一名任务指挥官的监控下完成。

美国陆军发布单兵可穿戴外骨骼技术概念需求 2018 年 1 月，美国陆军部发布一份名为单兵可穿戴外骨骼技术概念需求的寻源通告，通告中指出，国防部寻求创新的可穿戴外骨骼方案，旨在提升作战士兵执行以下任务的能力：崎岖地形条件下的机动；对人机工效有挑战性的负重任务（不利的姿势、长期超负荷工作等）；提举重物；其他重复的后勤和保障负重任务。

美国陆军研究实验室研究将计算机视觉技术用于炮弹制导 2018 年

1 月，美国陆军研究实验室在美国航空航天协会科技论坛上介绍了正在研制的计算机视觉制导技术。该技术将用于配装捷联式光电或红外导引头的制导炮弹，赋予制导炮弹自主识别目标的能力，解决 GPS 拒止环境下打击精度无法保证的问题。陆军研究实验室目前选用了训练速度快、对训练数据量要求小的“随机蕨”计算机视觉算法，并为其设计了一套制导方案。陆军研究实验室目前已通过半实物仿真和系留试验验证了这项技术的可行性，未来计划在更接近实战的条件下开展试验，并同步推动嵌入式计算技术发展，为使用更高级的计算机视觉算法奠定基础。

可用于高级烟幕遮蔽的含有新型 2D 材料的金属复合片 2018 年 1 月，据相关文献报道，科研人员开发出了可用于遮蔽可见光和干扰红外的新型二维材料的金属复合薄片/盘的低成本制造工艺。由于烟幕和迷盲剂能够有效降低各种传感器、探测器、跟踪器，光学增强设备和人眼所能看到的电磁特征，而目前材料科学方面的最新进展能够帮助制造出具有纳米级粒度大小和形状的精确设计的迷盲剂。数值模拟和许多对金属薄片/盘上的试验结果表明，如果高横向比导电薄片/盘能够有效散布为未凝聚的气溶胶云团，那么就有可能超过当前性能水平的数量级。本项目开发的技术可以整合到当前和未来的军事迷盲剂应用中。它也能够用于改进现有的发烟手榴弹和其他烟火弹药性能，以减少目前的后勤负担。

美国导弹防御局推动超高速炮弹在防空作战中的应用研究 2018 年 1 月，美国导弹防御局在 2018 年第 1 期小企业创新研究计划中发布了多个与超高速炮弹和小型拦截弹相关的项目，推动超高速炮弹在防空作战中的应用研究。这些项目包括超高速炮弹弹道实时生成与优化技术、提升超高速炮弹战斗部毁伤威力、先进外大气层推进和控制系统、用于小型惯性测量组件的先进高端陀螺仪，以及未来防空拦截弹轻质结构。

美国陆军关注改变未来陆战游戏规则的潜在科学技术 2018 年 2 月，美国陆军研究实验室发布《改变 2050 年陆战游戏规则的潜在科学技术》报告，提出了 8 项有可能在 2050 年取得突破并改变陆战游戏规则的科学技术，分别是人造细胞、计算合成孔径成像、小型多功能量子红外传感器、量子信息、未来弹性战术网络、智能团队、嵌入式人工智能、预测失败的复杂性科学。这是美国陆军发布的第一份面向 2050 年的前瞻性科学技术预测报告，反映了美国陆军对陆战领域颠覆性前沿科技发展的基本研判和高度关注。

DARPA 公布 SIGMA + 项目提升化生探测能力 2018 年 2 月，DARPA 公布了 SIGMA + 项目，拟在研发核与辐射探测传感器的基础上，开发新型化生传感器并组网，以便向部署当地提供化学、生物以及爆炸物威胁警报。SIGMA + 项目是 SIGMA 项目的延伸。SIGMA + 计划开发高灵敏度的化生痕量探测器，利用先进的情报分析学，痕量检测出与大规模杀伤性武器威胁相关的各种物质，并依借通用网络设施和移动感知策略达到报警报知的目的。SIGMA + 项目研发的 CBRNe 探测网络具有拓展性，可覆盖一个大城市及其周边地区。

美国陆军试验用高功率微波武器和激光武器应对多架无人机 2018 年 3 月，在美国陆军火力卓越中心的机动火力综合试验中，雷声公司先进高功率微波武器和激光武器成功击落 45 架无人机。其中，高功率微波武器系统共击落 33 架无人机，每次击落 2 架或 3 架；高能激光武器系统识别、跟踪、击落 12 架 1 类和 2 类无人机，并摧毁 6 枚静止的迫击炮弹。

英国发生俄裔前双面间谍遭化学毒剂毒害事件 2018 年 3 月，在英国发生俄裔前双面间谍斯克利帕尔父女遭袭事件。事件不但造成父女两人生命垂危，最早接触的警察也出现相应症状，而且影响到周围的医院和超市等区域，英国紧急派出防化、消防人员进行取证、洗消和其他应急处置。随后，英国确认该毒剂为诺维乔克神经性毒剂，后经国际禁化武组织指定实验室对事发现场采集的样品进行分析，得到了确认。

美军披露激光诱发类人噪声武器技术 2018 年 3 月，美军非致命武器联合项目办公室披露一种新型非致命武器。该武器可形成类似人的尖叫声，对骚乱人群进行控制，适用于安全检查站或城区环境。这种武器利用激光诱导生产等离子体，主要由两部激光器和反射镜构成。先利用飞秒激光器发射激光束，通过反射镜精确控制聚焦点，对特定距离处的空气持续照射 10～15 秒，形成球状等离子体；再使用纳米激光器照射球状等离子体，产生类似于人的尖叫声，但是能够形成这种效应的激光波长范围极窄，需精确调控。

美国开发新型双频遮蔽发烟剂 2018 年 3 月，美国新奥尔良报道，美国化学会研究人员开发出了一种利用金属有机骨架可遮蔽可见光和红外光谱的新型双频遮蔽发烟剂。该项目研究人员称，为了制造出更好的发烟效果，研究人员对烟幕和干扰剂、烟火制造、化生过滤等学科进行了深入地研究后开始考虑使用金属有机骨架材料。目前，包括美国陆军埃奇伍德化生中心在内的多家机构科研人员也一直在研究这些稳定的多孔结构，让它与一种由对苯二甲酸组成的名为 UiO－66（一种已知的可见光干扰剂）的物质合成起来发挥效用。从长远来看，该项目的研究人员还计划在该发烟剂中增加更多的干扰剂成分，从而创造出可遮蔽多个光谱的多功能发烟装置。

美国针对俄罗斯武器开发项目开展北极圈核卫星灾害训练演习 2018 年 3 月，针对俄罗斯建造浮动核反应堆并可能测试核动力巡航导弹，美国在北极地区实施了一次名为“北极鹰 2018”针对性的核卫星灾害训练演习。

此次演习在美国阿拉斯加州的陆军格里利堡唐纳利训练场进行，参演人员由美国10个州的国民警卫队成员和加拿大当局及加拿大预备役第39旅团成员组成。

美国陆军成功试射“尾舵控制制导火箭弹” 2018年3月，美国陆军航空和导弹研发与工程中心成功对“尾舵控制制导火箭弹”进行首次试射。美国陆军现有制导火箭弹采用鸭舵控制，能够保证中精度，但无法有效提升射程，而“尾舵控制制导火箭弹”项目的目标就是通过改变制导火箭弹控制方式来大幅提升射程。在此次试验中，样弹的射程达到112.9千米，圆概率误差小于2米，以近乎垂直的弹着角命中目标，成功演示多项新设计。在下一次试验中，陆军将演示“尾舵控制制导火箭弹”的最大射程，预计将达到139千米，是现有制导火箭弹的2倍。

以色列推出光电精确集成组件 2018年4月，以色列拉法尔先进防务系统公司披露了正在研制的EPIK光电精确集成组件，用于安装在非制导地对地火箭弹上，使其具备自主制导能力，并提高其射程。该组件采用“斯拜斯”制导炸弹的光电导引头技术和地图匹配/信号处理技术，主要由非制冷红外传感器、激光传感器、GPS/惯性制导系统，以及可折叠舵面组成，目前主要用于122毫米“冰雹”火箭弹，未来有望用于不同型号和口径的火箭弹。配装该组件的火箭弹首先采用惯性制导飞至目标区域，然后启动导引头将其所拍摄的实时目标图像与发射前上传至弹载数据库中的图像进行比较，最终锁定并攻击目标。122毫米“冰雹”火箭弹配装该组件后，射程可由20千米增至40千米，命中精度可达3米。

美国宇航环境公司演示“弹簧刀”巡飞弹与无人机组合的自主搜索—打击系统 2018年4月，美国宇航环境公司演示了用“美洲豹”无人机和“弹簧刀”巡飞弹组合实现的自主目标搜索—打击能力。在执行任务时，带有高分辨率昼/夜照相机的“美洲豹”无人机能够识别目标，并自动将目标信息传输给“弹簧刀”巡飞弹；后者在接收到目标信息后立即发射，并在后续飞行中不断接收“美洲豹”传送的目标位置信息。操作人员在“弹簧刀”配装的光学传感器探测到目标后对其进行确认，并能够随时中止攻击任务。宇航环境公司计划在2018年底发布该系统的正式产品。

美国霍尔斯顿陆军弹药厂披露增强型爆破炸药制备新工艺 2018年4月，美国霍尔斯顿陆军弹药厂推出一种安全、低成本的水浆包覆新工艺——增强型爆破炸药水浆包覆新工艺，并采用该工艺在霍尔斯顿陆军弹药厂进行生产。该工艺成本较低，无需特殊的运输或处理设备，霍尔斯顿陆军弹药厂已将该工艺产能从实验室规模（2.3千克/批）成功放大到136.1～226.8千克/批，制得的增强型爆破炸药的性能与水替代流体浆料包覆工艺制备的炸药相当。

埃奇伍德化生中心与美军实验室合作开发纸基现场检测传感器 2018年4月，美国陆军研究实验室、海军研究实验室和空军研究实验室与埃奇伍德化生中心合作，利用合成生物学开发一种全新的现场检测化生战剂的传感器。研究人员从细胞中提取出核糖体和聚合酶的蛋白质复合物，并添加一段工程化DNA，随后将上述组合滴在滤纸上。滤纸在目标化合物存在下改变颜色，该目标化合物可以是任何类型的化学毒剂或生物战剂。

美国桑迪亚国家实验室使用仿生技术改进生物监测系统 2018年4月，美国桑迪亚国家实验室发布使用模仿人体免疫系统改进美国生物监测系统的研究，该研究的核心内容是合成T细胞监测疾病的多个变量，使用机器学习方法改进生物监测系统的主诉解密以及建立分布式生物监测中心。桑迪亚国家实验室一直致力于改进美国的生物监测系统，希望通过模拟人体免疫系统来监测疾病暴发。

美国陆军启动重型通用机器人系统项目 2018年5月，美国陆军发布重型通用机器人系统项目的建议需求。陆军希望通过重型通用机器人系统满足其对重型机器人能力的需求，以替换现役排爆机器人。新重型通用机器人系统质量不超过317.5千克，可通过车辆运输，将装配多种有效载荷，如摄像机、安全无线电、机械臂、货运支架、操作人员控制单元，以及可在城市、复杂地形中将操作范围扩大一倍的无线电继电器。

美国陆军启动人工智能行业调查 2018年5月，美国陆军就人工智能技术向学术界、工业界和政府机构开展调研，期望了解机器学习、认知计算与数据分析相关技术、算法等使能技术如何改善以下方面的军事应用：电子战；情报、监视与侦察；侦察、监视与目标捕获；攻击性网络行动；信号情报；处理、利用与分发；大数据分析。

俄罗斯确认在叙利亚使用“天王星”9武装机器人 2018年5月，俄罗斯国防部副部长证实，俄罗斯在叙利亚对“天王星”9机器人进行了测试，验证了多功能侦察和火力支援系统。“天王星”9采用小型履带式底盘，外形像一个微型坦克，炮塔上安装1门30毫米自动炮。

美国国防高级研究计划局展示多项创新性未来战车技术 2018年5月，美国国防高级研究计划局在陆军阿伯丁试验场对多项为“地面X车辆”项目研发的创新性未来战车技术进行了演示验证。这些技术包括轮—履转换行走技术、轮毂驱动技术、大行程悬挂技术、装甲透视技术、虚拟透视交互技术和自主驾驶技术。

英国展出轮毂驱动系统 2018年6月，在第14届法国国际防务展上，英国奎奈蒂克公司展出了轮毂驱动系统。与传统驱动形式相比，轮毂驱动系统能简化动力传动系统，提高车辆机动性，增加车辆总体设计自由度，增强乘员生存力。该系统重180千克，轮毂电机额定功率为65千瓦，最大功率为100千瓦，额定转矩为16千牛·米，最大转矩为24千牛·米，最大输出转速为475转/分钟，系统电压为600伏直流电，变频器额定值为300安，机械效率为92%，润滑油最高温度为80℃。

美国展出5000系列电动独立悬挂 2018年6月，在第14届法国国际防务展上，美国车轴技术公司展出了可用于纯电动车辆或混合动力车辆的5000系列电动独立悬挂。该悬挂已获得美国军方关注，重1300千克，功率范围为200~500千瓦，工作电压为650伏，无需传统的发动机、变速箱和分动器等零部件；车轮行程为330毫米，离地间隙为496毫米，轮距为2.09米；具有强大的再生制动能力，利用制动能量为电池充电，效率提高；利用平行轴传动而不是传统的斜齿轮传动，保证车轴的离地间隙，并向车轮传输最大转矩。

丹麦披露“斗牛犬”可穿戴式反无人机系统 2018年6月，丹麦麦防御公司披露其最新研制的“斗牛犬”新一代可穿戴式反无人机系统。这是当今市场上唯一一种可穿戴式反无人机系统干扰器，可与该公司5月推出的“僚机”103可穿戴式无人机探测系统配合使用，采用灵巧干扰技术自动干扰“僚机”所探测到的无人机的控制信号，但在干扰时对其他信号的影响最小，从而保持自己的通信，干扰距离为1000米，平均输出功率为2瓦，即插即用，无须训练。

“乐高”荧光化学检测器侦检化学毒剂 2018年6月，美国得克萨斯大学奥斯汀分校的研究人员在使用安全替代物研究神经性毒剂检测过程中，研发出一款智能手机和“乐高积木盒子”联用的简单装置，简称“乐高”荧光化学检测器。该装置采用经济型材料制造出基于荧光的化学传感器，配有紫外线灯和标准的96孔测试板。检测中，通过一种能产生不同颜色的化合物来发出信号，识别沾染环境中诸如VX和沙林等神经性毒剂及其剂量。该装置摒弃了野外肉眼很难辨别荧光差异的弊端，同时也解决了实验室荧光测量仪器庞大、不便携测量的难题。

挪威首次展出155毫米固体燃料冲压增程炮弹 2018年6月，挪威纳莫公司在2018年法国防务展上首次展出155毫米固体燃料冲压增程炮弹。该弹采用流线外形，配用固体燃料冲压喷气发动机，射程达到100千米以上，远超常规155毫米炮弹，火力覆盖面积达到31415千米^2；采用了GPS/INS制导，圆概率误差小于30米。新炮弹的初速超过420米/秒，冲压喷气发动机在发射后起动，燃烧时间达到50秒，能将其最大速度增至马赫数3。新炮弹的装药量比常规炮弹略少，约为6～7千克。纳莫公司计划于2019—2020年对该炮弹进行首次飞行试验，2023—2024年装备部队。

以色列展出“火力编织者”网络化攻击系统 2018年6月，以色列拉法尔公司在法国防务展上公布了“火力编织者”系统。该系统是一种基于软件的火力打击任务分配系统，采用开放式架构，能够利用战术通信系统有效连接战场内的所有传感器和火力打击单元，可以根据战场内各个侦察传感器获取的目标信息，在短时间内自主地为各个目标分配适当的火力打击单元，可同时应对多个目标。

德国TDW公司研制具有电磁脉冲攻击能力的反坦克战斗部 6月，德国TDW公司在2018年法国防务展上宣布，该公司研制出一种具备电磁脉冲攻击能力的反坦克战斗部样机，用于对付现代坦克装备的主动防护系统。新的战斗部配装有天线、高频无线电波源和电容器，能够将装药起爆产生的能量转换为高功率电磁脉冲，可以干扰和瘫痪坦克主动防护系统的传感器和电子器件，使其无法探测和拦截反坦克导弹。该战斗部还装有常规破甲装药，用于侵彻坦克装甲。TDW公司已自筹资金开发出战斗部样机并进行测试，后续将寻求客户来支持战斗部的进一步研究。

加拿大研究可使物体在现实条件下不可见的光谱隐身技术 2018年

6月，加拿大国家科学研究院首次演示了通过操控穿过物体的光波频率（颜色）使物体不可见的新型隐身斗篷技术，该方法采用新原理，克服了现有隐身技术的重要缺陷，可用于在光纤线路上传输保密数据，有助于优化感知、电信和信息处理等技术。理论上，这一概念可以扩展使3D物体在各个方向都看不见，这是隐身技术发展的显著进步。

美国海军陆战队测试改进型紧凑型激光武器系统 2018年6月，美国海军和海军陆战队在尤马试验场测试波音公司的最新改进型紧凑型激光武器系统2.6。该系统为便携式高能激光武器系统，可用于跟踪和摧毁无人机。

美国陆军制得5倍梯恩梯当量的高能炸药 2018年7月，美国陆军研究实验室联合华盛顿州立大学制备出一种新型高能炸药——一氧化碳—氮气聚合物晶体。该物质能量是梯恩梯的5倍，在1427℃、45吉帕下通过激光加热一氧化碳、氮气混合物制备而成。该制备条件明显改善，压力仅约为聚合氮制备压力的1/3，制备温度降低约300℃。一氧化碳—氮气共聚物晶体的成功制备，标志着高张力键能释放材料的探索研究取得重大进展。

以色列披露“梅卡瓦”Mk4“巴拉克”主战坦克 2018年7月，以色列披露“梅卡瓦”Mk4“巴拉克”的相关研发和设计细节。“梅卡瓦”Mk4“巴拉克”坦克具备人工智能、升级型传感器以及虚拟现实等新能力，提升以色列装甲部队的作战能力。“梅卡瓦”Mk4“巴拉克”将成为首款装备智能任务计算机管理任务的坦克，先进的人工智能技术可降低坦克乘员的工作负荷，帮助其更加准确地定位和打击目标。

美国研发新型高效混合循环转子发动机 2018年7月，美国液体活塞公司在前期研发的高效混合循环X4转子发动机原理样机基础上，开始为美国国防高级研究计划局开发X4工程样机，推动该型发动机向实用化迈进。

与同功率等级传统活塞式柴油发动机相比，X4 功重比提高 5~10 倍，热效率提高 30%，可用于陆、海、空多种平台，提高平台的机动性、负载能力和续航能力。

印度为 T-72 和 T-90 坦克生产本土发动机 2018 年 7 月，印度兵工厂委员会下属阿瓦迪发动机厂为本土许可生产的 T-72 “阿杰雅” 和 T-90 “毗湿摩” 主战坦克研制出 2 款新型发动机，其中用于 T-72 主战坦克的 V-46-6 发动机功率为 573.3 千瓦，用于 T-90 主战坦克的 V92S2 功率为 735 千瓦，两款发动机的本土化每年将为印度节省 1.16 亿美元。T-72 是俄罗斯 T-72M/T-72M1 从 20 世纪 70 年代开始在印度许可生产的型号，已向印度陆军交付约 1700 辆；T-90 是俄罗斯 T-90S 主战坦克 2004 年以来在印度许可生产的型号，在设计上与俄制 T-90 基本没有区别，但采用新式自动装弹机、火控系统、主炮以及 831 千瓦发动机。

美国陆军升级电子战项目管理工具 2018 年 7 月，美国陆军与雷声公司签订合同，由后者开发最新版本的“能力投放 4”电子战项目管理工具，并对之前版本进行部署和维护。电子战项目管理工具项目自 2014 年开始就已成为陆军备案项目，包含 4 个增量或能力投放工具，其中“能力投放 3”和“能力投放 4”均与频谱管理和网络态势感知有关，将网络与电磁频谱感知功能集成到电子战项目管理工具中，使战场指挥官能够利用现场探测到的敌方传感器网络漏洞实施干扰。

俄罗斯开展无线电—光子雷达探索研究 2018 年 7 月，俄罗斯无线电电子技术集团正在开发 X 频段无线电—光子雷达，能够比世界范围内正在使用的任何传感器覆盖范围更广、分辨率更高，能够跟踪隐身飞机，形成空中目标的三维图像，满足精确打击武器对目标精度的需求。一旦开发成功，该技术未来将装备俄罗斯未来的第六代战斗机以及下一代无人机。

乌克兰测试“陆战平台现代化组件”装甲透视系统 2018 年 8 月，乌克兰透明装甲公司研制的装甲透视系统——“陆战平台现代化组件”在 T-64主战坦克上完成作战试验，标志着集“观、瞄、打”功能于一体的装甲透视系统进入实用化阶段。装甲透视系统将装甲装备信息力、火力、防护力围绕乘员有机集成，能大幅提升装甲装备态势感知、火力打击、战场生存力，改变乘员操控与车体装甲防护整体结构设计。

美国雷声公司发明固体推进剂增材制造方法 2018 年 8 月，雷声公司公布固体推进剂增材制造方法。适于增材制造的固体推进剂配方组分主要包括氧化剂、燃料、黏合剂、固化剂等。采用该增材制造方法可以连续、快速生产任意尺寸、任意形状的固体推进剂，且制备过程中可在推进剂内部嵌入点火器等部件，有利于缩短制备时间，提高制备安全性。

英国计划测试“龙火”激光武器 2018 年 8 月，奎奈蒂克公司对英国“龙火”激光武器测试的时间表进行了讨论，计划近期开展测试。该激光武器是在新建成的“龙工厂”激光测试设施内进行组装和测试的，这也是该设施建成后承担的首个项目。

美国动力系统公司为美国陆军研制 100 千瓦激光武器 2018 年 8 月，动力系统公司、洛克希德·马丁公司及其合作伙伴从美国陆军获得一份价值 1000 万美元的合同，继续开展高能激光战术车辆演示样机项目下一阶段的开发，研制 100 千瓦级激光武器系统。项目最终将于 2022 年测试，可完全集成在美国陆军中型战术车族上的 100 千瓦级机动激光武器系统。

美国陆军寻求无人机载高功率微波武器 2018 年 8 月，美国陆军与洛克希德·马丁公司商讨研制用于新一代无人机的高功率微波武器，希望利用该武器摧毁或破坏敌方无人机。

美国陆军 M777 牵引榴弹炮通过炮管和弹药技术改进射程增大 2 倍 2018 年 9 月，美国陆军在尤马试验场举行的实弹射击演示期间，试射了射程较之前增大 2 倍的改进型 M777 式 155 毫米牵引榴弹炮。此次演示重点展示了远程火炮多系统之系统综合运用火炮、弹丸、发射药来实现增程的可行性。为实现增倍的射程，该炮需要配用更长的炮管和更大的口径。为此，研究人员正在改良炮管的凹槽和冶炼技术，改变液压系统以处理更大的膛压，并使用类似于火箭弹的新型 XM1113 冲压增程炮弹。

美国陆军发布下一代战车需求 2018 年 9 月，美国陆军指出，下一代战车必须具备的能力包括以下几个方面：一是可选有人，必须能够遥控操作；二是承载能力，能搭载 2 名乘员和 6 名士兵；三是可运输性，2 辆可选有人战车可由一架 C－17 运输机运输；四是密集城市地形作战和机动性；五是防护性，必须有在当前和未来战场上生存所需的防护；六是可扩展性，应拥有足够的尺寸、重量、结构、动力和冷却性能；七是杀伤力，具备采用直射火力、杀伤性增程中口径火炮、定向能武器等全天时、全天候打击移动和静止目标的能力；八是嵌入式平台训练；九是维修保障，降低后勤保障负担。

法国对“蝎子”计划的 3 项未来能力开展初步研究 2018 年 9 月，法国武装部队部与 TNS－MARS 公司（由泰勒斯公司、奈克斯特系统公司和赛峰公司联合组建）签订合同，启动“蝎子”计划 3 项未来能力的初步研究工作，包括：将无人机和机器人集成到地面作战系统中；建立以下车士兵为中心的通信；管理爆炸式增长的传感器。

美国国防高级研究计划局将光子集成电路用于新一代军事陀螺仪和时钟 2018 年 9 月，美国国防高级研究计划局微系统技术办公室发布原子—光子集成项目需求，寻求利用光子集成和俘获原子来实现高性能、鲁棒、便携的时钟和陀螺仪。光子集成电路类似于电子集成电路，可集成多种光子功能，在可见光谱或近红外光谱（850～1650纳米）光波波长施加信息信号。原子—光子集成项目旨在开发基于俘获原子的高性能定位、导航与授时装置，利用光子集成电路降低系统复杂性。根据美国国防高级研究计划局的文件，光子集成电路将会取代灵敏、精确的角度传感器和时钟中的光学组件，还能对原子进行必要的俘获、冷却、操纵和质询。

美国发明低冲击感度同轴双层固体推进剂 2018年10月，美国喷气发动机·洛克达因公司发明一种低冲击感度同轴双层固体推进剂，以改善高能低特征性信号固体推进剂的不敏感性能，尤其是抗破片冲击性能。该推进剂分内外两层，外层固体推进剂的能量较低，内层推进剂可以选用能量更高的推进剂。为进一步提高推进剂的安全性，可在内、外层推进剂之间嵌入燃烧或爆炸迁移抑制层。

美国陆军寻求火炮射程达到130千米的技术方案 2018年10月，在美国陆军协会年会上，美国陆军远程精确火力跨职能小组表示近期对陆军的远程精确火力组合进行了深入调研，提出将协助陆军实现使155毫米榴弹炮的射程增大到130千米的目标，随之相继涌现出若干技术解决方案：一是为炮弹安装冲压发动机增大射程；二是考虑通过陆军155毫米炮射区域效应弹项目获得的相关技术。

美国国防高级研究计划局启动“加速分子发现”项目 2018年10月，美国国防高级研究计划局宣布启动“加速分子发现”项目，旨在开发新型基于人工智能的系统性方法，以加快高性能分子的发现和优化步伐。新分子的迅速发现和生产对于一系列军事能力至关重要，从开发安全的化学战模拟剂和药物到应对新出现的威胁，再到涂料、染料和特种燃料以获得先进性能。

美国“班组 X 实验”项目首次进行测试 2018 年 11 月，美国国防高级研究计划局的“班组 X 实验”项目在美国加利福尼亚州首次进行了为期 1 周的系列测试，在测试中成功地演示了扩展和增强小型下车部队态势感知的能力。实验 2 计划于 2019 年初开展。

德国用人工智能规划化学合成 2018 年，德国明斯特大学有机化学和人工智能领域研究团队开发出一种新型人工智能算法，用深层神经网络和符号人工智能来规划化学合成，可以帮助科学家规划多步化学反应。利用该算法不需要人类输入规则，就可以提高化学合成的成功率，对药物研发的速度和效率，以及降低成本都有巨大应用潜力，将大力推动有机合成的迅速发展。

芬兰科学家开发系列光致变色材料可用于辐射探测 2018 年，芬兰图尔库大学材料表面中心根据紫方纳石的结构，开发了一系列的光致变色材料。紫方纳石是一种矿物，通式为 $N_a8Al_6Si_6O_{24}$（Cl_2S）$_2$。经过人工合成，可以改变紫方纳石的构成，从而控制和调节材料的光致变色现象。紫方纳石较有机光致变色分子化学性质更为稳定，材料更加耐用。这种材料用途广泛，可用于检测多种类型的辐射。

美国国土安全部计划利用新系统取代生物侦测计划 美国国土安全部计划利用新的监控系统取代缓慢、过时的生物侦测（BioWatch）计划，新系统将借助大数据和分布式传感器，以更快、更早地预知生物威胁。美国国土安全部将利用该计划检测美国 30 个城市的生物恐怖行为，将收集 24 小时以上的空气样本送到实验室，并使用聚合酶链反应分析毒素或病原体 DNA。新系统将增加传感器，其中包括政府手机上的传感器；更好地利用分散在海关和边境巡逻以及交通安全局等政府机构名单上的传感器；进一步整合所有数据，让每个人都能看到其他人在做什么。

美国情报高级研究计划局开展基因工程相关项目应对生物威胁 美国情报高级研究计划局正在生物安全领域开展多项合作，旨在对抗传染病爆发或生物恐怖主义等潜在威胁。2018 年，美国情报高级研究计划局授出“发现工程相关指标”项目合同，旨在研发一种工具，以更好地检测是否设计出特定 DNA 序列。同时美国情报高级研究计划局还在开展“功能基因组与威胁计算评估”项目，旨在研究算法，以筛选那些有助于预测未知序列功能并基于潜在危害确定威胁等级的 DNA 序列。